Zoot Suit

A BILINGUAL EDITION

Luis Valdez

With an introduction by Jorge Huerta
Translated into Spanish by Edna Ochoa

Arte Público Press
Houston, Texas

This volume is made possible through the City of Houston through the Houston Arts Alliance.

The following people and institutions were instrumental in the development of this play:

El Teatro Campesino

The Mark Taper Forum. The Rockefeller Foundation, The Shubert Organization, Alice McGrath, George Shibly, Ben Margolis, The Leyvas Family, The 38th St. Club.

Recovering the past, creating the future

Arte Público Press
University of Houston
4902 Gulf Fwy, Bldg 19, Rm 100
Houston, TX 77204-2004

Cover design by Adelaida Mendoza
Cover illustration by Ignacio Gómez

Zoot Suit / Luis Valdez
  [Zoot Suit. Spanish & English]
     Zoot Suit / by Luis Valdez ; Spanish translation by Edna Ochoa.—
Bilingual ed.
       p. cm.
    Contents: Zoot Suit
    ISBN: 978-1-55885-439-0 (trade pbk.)
       1. Mexican Americans–Drama.   I. Ochoa, Edna, 1958–   II. Title
PS3572.A387Z6   2004   2004052343
812'.54–dc22   CIP

♾ The paper used in the publication meets the minimum requirements of the meri-can National Standard for Permanence of Paper for Printed Library Materials Z39.48-1984.

18 19 20 21   8 7 6 5 4

To my lovely wife and co-worker, Lupe Trujillo Valdez

❧   ❧   ❧

Para mi querida esposa y compañera de trabajo,
Lupe Trujillo Valdez

Contents

Introduction

From "el jale" in the Fields to *Jale*-Wood: The Many Faces of Luis Valdez

It is a pleasure to introduce the reader to *Zoot Suit* and its cele-
brated creator, Luis Miguel Valdez, in two languages. For some, Luis
Valdez needs no introduction; for others, his name may only be associated with his more extensively seen films and television programs.
I can say without equivocation that no other individual has made as
important an impact on Chicano theater as Luis Valdez. He is generally recognized as the leading Chicano director and playwright, who,
as the founder of El Teatro Campesino (The Farm Worker's' Theatre)
in 1965, inspired a national movement of theater troupes dedicated
to the exposure of socio-political problems within the Chicano com-
munities of the United States. His output includes plays, poems,
books, essays, films and videos, all of which deal with the Chicano
and Mexican experience in the United States. Before discussing *Zoot
Suit*, I would like to trace Valdez's aesthetic, spiritual and political
development, placing the director/playwright and this play in a historical context.

Luis Valdez was born to migrant farm worker parents in Delano,
California, on June 26, 1940, the second in a family of ten children.
Although his early schooling was constantly interrupted as his family
followed the crops, he managed to do well in school. By the age of
twelve, he had developed an interest in puppet shows, which he would
stage for neighbors and friends. While still in high school he appeared
regularly on a local television program, foreshadowing his work in
film and video, which would later give him his widest audience. After

high school, Valdez entered San Jose State College (now San Jose State University), where his interest in theater fully developed.

Valdez' first full-length play, *The Shrunken Head of Pancho Villa*, was produced by San Jose State College in 1964, setting the young artist's feet firmly in the theater. Following graduation in 1964, Valdez worked with the San Francisco Mime Troupe before founding El Teatro Campesino. Valdez became the artistic director as well as resident playwright for this raggle-taggle troupe of striking farm workers, creating and performing brief commedia dell'arte-like sketches called "actos" about the need for a farm workers' union. The acto became the signature style for the Teatro and Valdez, inspiring many other teatros to emulate this type of broad, farcical and presentational political theater based on improvisations of socio-political issues.[1]

Within a matter of months El Teatro Campesino was performing away from the fields, educating the general public about the Farm Workers' struggle and earning much-needed revenue and public support for the union. By 1967, Valdez had decided to leave the ranks of the union in order to focus on his theater rather than the demands of a struggling labor organization. As a playwright, Valdez could now explore issues relevant to the Chicano beyond the fields; as a director, he could begin to develop a core of actors no longer committed to one cause and one style alone.

Although he and his troupe were working collectively from the beginning, the individual playwright in Valdez was anxious to emerge. Discussing the process of writing plays outside of the group, Valdez recalled, "I used to work on them with a sense of longing, wanting more time to be able to sit down and write." In 1967, the playwright did sit down and write, creating what he termed a "*mito*," or myth, that condemned the Vietnam war, titled *Dark Root of a Scream*. This contemporary myth takes place during a wake for a Chicano who died in Vietnam, an ex-community leader who should have stayed home and fought the battle in the barrio. The dead soldier becomes symbolic of all Chicanos who fought in a war that the playwright himself objected to. "I refused to go to Vietnam," Valdez said twenty years later, "but I encountered all the violence I needed on the home front: people were killed by the Farm Workers' strike." In 1968, the Teatro was awarded an Obie, off-Broadway's highest honor, and the following year Valdez and his troupe gained international exposure at the Theatre des Nations at Nancy, France. In 1970, Valdez wrote his second mito, *Bernabé*. This one-act play is the tale of a *loquito del pueblo* (village idiot), Bernabé, who is in love with La Tierra (The Earth) and wants to marry her. La Tierra is portrayed as a *soldadera*, the women who followed and supported the troops during the Mexican Revolution of 1910.

Bernabé is a wonderfully written play that brings together myth and history, contemporary figures and historical icons. The allegorical figure of La Luna, brother to La Tierra, is portrayed as a Zoot Suiter. This is Valdez's first theatrical exploration of this 1940's Chicano renegade, foreshadowing one of his most powerful characters, El Pachuco, in *Zoot Suit*. Through *Bernabé,* Valdez tells his audience that Chicanos not only have a history of struggle but *are* that struggle. In a moving conclusion to the play, Bernabé's dead body is discovered in his favorite hiding place, a hole in the ground in which he would masturbate, symbolically making love to La Tierra. Although Bernabé appears dead on the earthly plane, in the spiritual plane that will reappear in Valdezian dramaturgy, Bernabé "marries" La Tierra and becomes a whole person, representative of all men who love and respect the earth.

Also in 1970, even as Valdez, the playwright, was scripting his individual statement about the Chicano and his relationship to the earth, Valdez, the director, was guiding the collective creation of an acto dealing with the war in Vietnam: *Soldado Razo* (Buck Private). *Soldado Razo* carefully explores some of the reasons young Chicanos were willing to go fight in Vietnam. Reflecting the influences of Bertholt Brecht's theories, the playwright uses the allegorical figure of La Muerte (Death) as a constant presence narrating the action, continually reminding his audience that they are in the theater and that the soldier's death is inevitable but not unavoidable.

Soldado Razo complemented and expanded the earlier *mito,*

Dark Root of a Scream, looking at the same issue but from a different viewpoint and in a distinct style. In Valdez's words, the acto "is the Chicano through the eyes of man," whereas the *mito* "is the Chicano through the eyes of God," exploring the Chicanos' roots in Maya philosophy, science, religion and art. While *Soldado Razo* methodically demonstrates the eventual death of its central figure, *Dark Root of a Scream* begins after a soldier's death, exploring the cause from a mythical, even fantastical perspective.

In 1971, El Teatro Campesino moved to its permanent home base in the rural village of San Juan Bautista, California, where the troupe established itself as a resident company. During this period Valdez began to explore the idea of adapting the traditional Mexican *corridos*, or ballads, to the stage. A singer would sing the songs and the actors would act them out, adding dialogue from the *corridos'* texts. Sometimes the singer/narrator would verbalize the text while the actors mimed the physical actions indicated by the song. These simple movements were stylized, enhancing the musical rhythms and adding to the unique combination of elements. The *corrido* style was to appear again, altered to suit the needs of a broader theatrical piece, *La Carpa de los Rasquachis* (The Tent of the Underdogs).

Developed collectively under Valdez's direction over a period of years, *La Carpa de los Rasquachis* stunned the audience at the "Fourth Annual Chicano Theater Festival" in San Jose, California, in 1973. This production became the hallmark of the Teatro for several years, touring the United States and Europe many times to great critical acclaim. This piece is an epic *mito* which follows a Cantinflas-like Mexican character (read "Mexico's Charlie Chaplin") from his crossing the border into the United States and the subsequent indignities to which he is exposed until his death.

La Carpa de los Rasquachis brought together a Valdezian/Campesino style that could be defined as raucous, lively street theater with deep socio-political and spiritual roots. The style combined elements of the *acto*, *mito* and *corrido* underscored with an almost constant musical background as a handful of actors revealed the action in multiple roles with minimal costume, prop or set changes.

This was the apogee of Valdez's and the Teatro's "poor theater," what the Teatro members termed a "rasquachi aesthetic," purposely based on the early twentieth-century Mexican tent shows, otherwise known as *"Carpas."* [2]

In 1973 Valdez wrote a poem, *"Pensamiento Serpentino*: A Chicano Approach to the Theatre of Reality,"* which describes his evolving neo-Maya philosophy. The poem begins:

Teatro
eres el mundo
y las paredes de los
buildings *más grandes*
son nothing but scenery.[3]

Later in the poem Valdez introduces the reader to the Mayan concept of "In Lak Ech" which translates as *"Tú eres mi otro yo."* The phrase represents the following philosophy:

IN LAK ECH: Si te amo y te respeto/If I love and respect you,
a ti, me amo y me respeto yo;/I love and respect myself;
Si te hago daño a ti/If I do harm to you,
Me hago daño a mi/I do harm to myself. (174)

In the opening lines Valdez describes Chicano theater as a reflection of the world, a universal statement about what it is to be a Chicano in the United States. Recognizing the many injustices the Chicano has suffered in this country, the poet nonetheless attempts to revive a non-violent response. Valdez creates a distinct vision of a "cosmic people," whose destiny is finally being realized as Chicanos, who are capable of love rather than hate: action rather than words. According to Broyles-González, during the ten-year period from 1970 to 1980, Valdez and his company developed what they termed the "Theatre of the Sphere." Broyles-González refers to this as "[t]he Teatro Campesino's recourse to the Native American ancestral heritage (mainly Mayan and Aztec) as it pertains to the ensemble's intense and sustained efforts to merge an alternative and native Chicana/o performance theory and practice."[4]

While *La Carpa de los Rasquachis* continued to tour, Valdez made another crucial change in his development by writing *Zoot Suit* and co-producing it with the Center Theatre Group of Los Angeles. Once again at the vanguard, Valdez began the mainstreaming of Chicano theater, or, for some observers, "the infiltration of the regional theaters." The director/playwright did not abandon El Teatro Campesino by getting involved with a major regional theater. The Teatro was still touring *La Carpa de los Rasquachis,* and *Zoot Suit* was co-produced by both theater organizations, thus including the Teatro in all negotiations and contracts. But this was a first step towards an individual identity that Valdez had previously rejected by working in a collective.

With the financial success of *Zoot Suit*, Valdez purchased an old packing house in San Juan Bautista and had it converted into a theater for the company. This new playhouse and administrative complex was inaugurated in 1981 with a production of David Belasco's 1905 melodrama *Rose of the Rancho*, adapted by Valdez. This old-fashioned melodrama was an ideal play for San Juan Bautista, for it was based on actual historical figures and events that had occurred in that town in the nineteenth century. Played as a revival of the melodrama genre, the play could be taken for face value: a tongue-in-cheek taste of history replete with stereotypes and misconceptions.

The experiment with *Rose of the Rancho* served as a kind of motivation for Valdez, inspiring him to write *Bandido!*, which he then directed in 1982 in the Teatro's theater.[5] This was Valdez's personal adaptation of the melodrama genre but with a distinctly Valdezian touch. *Bandido!* is an exploration and expurgation of old clichés about the early California bandit-types. Valdez's intent is to alter history by demonstrating his version of the exploits of Tiburcio Vásquez, the last man to be publicly hanged in California. The play is therefore didactic, like an acto or a docu-drama, but goes beyond those forms to become a "melodrama within a play." The playwright creates a construct in which the audience sees Vásquez through different eyes. Vásquez is a sympathetic "social bandit" when observed through the playwright's eyes and a stereotype when seen through history's distorted characterization.

The Shrunken Head of Pancho Villa offers hope for the community through unified social action, but the fate of *Bandido!*'s central figure is predetermined by history. Valdez knows that nobody can change the inequities of the past but offers the suggestion that the future can be altered for the better, if misrepresentations of the Chicano can be altered.

All of his interaction in Hollywood and his own sense of history inspired Valdez to write *I Don't Have to Show You No Stinking Badges*, first produced by El Teatro Campesino and the Los Angeles Theatre Center in 1986. The Valdezian questioning of reality reaches its pinnacle in *I Don't Have to Show You No Stinking Badges*. In this play, the playwright presents us with a world that resembles a hall of mirrors, sometimes catching this picture, other times another view; we never know for certain if what we are observing is real or an illusion. Instead of *Bandido!*'s "melodrama within a play," we now have a much more complex vision as Valdez explores the different levels of reality between the world of the stage and the realm of television. Like *Zoot Suit*, this play was written for a fully-equipped theater. Further, it requires a realistic set, designed to look like a television studio setting, including video monitors hanging above the set to help the audience make the transfer into a "live studio audience."

Badges focuses on a middle-aged Chicano couple who have made their living as "King and Queen of the Hollywood Extras," playing non-speaking roles as maids, gardeners and the like. The couple have been very successful, having put their daughter through medical school and their son into Harvard. They have, in effect, accomplished the American Dream, with a suburban home complete with swimming pool, family room and microwave.

The major conflict arises when Sonny comes home from Harvard unexpectedly and announces that he has dropped-out, alienated from the Ivy League reality. To make matters worse, he decides that he will become a Hollywood actor and his parents, his girlfriend and the audience know by now that his fate will be the same as his parents', playing in bit parts as thieves, drug addicts and rapists. Or will he? Like *Zoot Suit*, *I Don't Have to Show You No Stinking Badges* does not give a distinct ending, but rather, leaves the solution up to the audience members to decide.

This production represented the beginning of yet another phase for Valdez and his company. El Teatro Campesino was no longer a full-time core of artists, living and creating collectively under Valdez's direction. Instead, the company began to contract talent only for the rehearsal and performance period. El Teatro Campesino thus became a producing company with Valdez at the helm as artistic director and writer. After great success in Los Angeles, *Badges* was co-produced with the San Diego Repertory Theater and the Burt Reynolds Dinner Theatre in Jupiter, Florida. While the Teatro continued to produce, Valdez began to focus his efforts more on writing and directing films.

Valdez directed "La Bamba," the sleeper hit of the summer of 1987, finally opening up the doors in Hollywood that had been so difficult to penetrate for so many years. "When I drove up to the studio gate," Valdez related, following the success of his film, "the guard at the gate told me that the pastries were taken to a certain door. The only other Mexican he ever saw delivered the pastries." That same year, our playwright adapted and directed the earlier *Corridos* into a PBS version titled "Corridos: Tales of Passion and Revolution," starring Linda Rondstadt and featuring himself as the narrator. This production won the Peabody Award, the Pulitzer Prize of broadcasting.

Following the success of "La Bamba" and "Corridos," Valdez continued to work on other projects for television and film as he also took his position as the leading Chicano film maker in Hollywood. Ever the activist, Valdez helped form the Latino Writers Group, which he hoped would pressure the studios to produce films written by Latinos. "The embryo is the screenplay," he said. "The embryo, in fact, is what is written on the page. This is where you begin to tell the difference between a stereotype and reality."

In 1991, Valdez adapted and directed *La pastorela*, or *Shepherd's Play*, for a Masterpiece Theater segment on National Public Television. This television production is based on the traditional Christmas play, which El Teatro Campesino has produced in the mission at San Juan Bautista for many years, alternating with the centuries-old Spanish religious folk play about the appearances of the Virgin of Guadalupe in 1531.

"La Bamba" diverted the playwright's focus to the film industry for several years. But the theatre is in Valdez's blood and in the year 2000, fourteen years after *I Don't Have to Show You No Stinking Badges!*, he wrote and directed *Mummified Deer*. Valdez first began to think about the play that would become *Mummified Deer* in 1984, when he read a newspaper article about the discovery of a 60-year-old fetus in the womb of an 84-year-old woman. For Valdez, the mummified fetus became a metaphor for the Chicanos' Indio heritage, seen through the lens of his own Yaqui blood.

While the main action of the play is framed by a narrative to the audience that takes place in the present, or 1999, Valdez places the main action of this play in the year 1969. The play goes back-and-forth in time and place, with the main character, Mama Chu, in her hospital bed as central image. The action moves fluidly through time, a time that is measured not in minutes or hours but in heartbeats. Through the flashbacks to Mama Chu's past we are introduced to the history of her family and learn of her strength in the face of relocation and enslavement by Dictator Porfirio Díaz's government just prior to the Mexican Revolution.

Through a monologue delivered by Mama Chu near the end of the play, we learn that she was there the day the Díaz government sabotaged the Yaqui and massacred men, women and children without mercy. She was carrying her dead husband's child and escaped death only to be raped and then sold into slavery and shipped to Yucatan. After this horrific experience, she prays to God not to let her child be born a slave or worse, to be killed and fed to the dogs. Her wish has been granted and, thus, her children realize that they are not her real descendants, since she could not have borne children with the mummified fetus in her womb. The final scene is in the present, 1999, with family and her ghosts gathered around Mama Chu, who is now dying at the "ripe old Yaqui age of 114." The family does not dissolve but, hopefully, learns and grows from its past.[6]

Valdez's impressive career can be separated into the following five periods: Phase One, the director/playwright of the original group of farm workers; Phase Two, an El Teatro Campesino independent of the Union; Phase Three, a professional Teatro and co-productions such as *Zoot Suit*; Phase Four, Luis Valdez, the filmmaker; Phase Five, Luis Valdez the playwright again, alongside an El Teatro Campesino that produces community-based Christmas pageants, *La pastorela* and *La Virgen del Tepeyac* in alternate seasons as well as semi-professional productions in San Juan Bautista and other venues.

Cutting through the News: *Zoot Suit*

As advertised in the Los Angeles press, "On July 30, 1978, the Second Zoot Suit Riot begins," and it did. *Zoot Suit* played to sold-out houses for eleven months—breaking all previous records for Los Angeles theater. While the Los Angeles production continued to run, another production opened in New York on March 25, 1979. Although audiences were enthusiastic, the New York critics generally were not, and the play was closed after a four-week run. Hurt, but undaunted, Valdez could have the satisfaction that the play continued to be the biggest hit ever in Los Angeles and a motion picture contract had been signed.

Zoot Suit marked an important turning point in Valdez's relationship with El Teatro Campesino as he began to write for actors outside of the group. This experience introduced Valdez to the Hollywood Latino and non-Latino talent pool, suddenly bringing him into contact with a different breed of artist. With a large population of professionals at his disposal, Valdez's vision had to expand. No longer surrounded by sincere, but sometimes limited talent, Valdez could explore any avenue of theater he desired. The success of the Los Angeles run of *Zoot Suit* enabled our playwright/director to move more seriously into film making. Valdez adapted and directed *Zoot Suit* as a motion picture in 1981.[7]

Zoot Suit is the logical culmination of all that Valdez and his collective had written before, combining elements of the acto, mito and corrido in a spectacular documentary play with music. Unlike any of his or the Teatro's previous plays or actos, however, *Zoot Suit* is based on historical fact, not a current crisis. The documentary form of the play is influenced by the Living Newspaper style, a documentary theater that exposed current events during the 1930's through dramatizations of those events. The giant front page backdrop is an effective metaphor for the all-pervading presence of the press. Zoot suiters were on the headlines of current newspapers, and when El Pachuco symbolically cuts his way through the news and onto the stage at the top of the play, he is taking possession of the stage and the audience.

By illuminating an actual incident in the history of Chicano-Anglo relations in Los Angeles, *Zoot Suit* does not have the immediacy of an acto about today's headlines. The politically aware will know that the police brutality and injustices rendered in this play are still happening; others may lose the point. Most significantly, this play illuminates events that had a major impact on the Chicano community of Los Angeles during World War II, incidents that are carefully ignored by most high school history books.

Like the acto, *Zoot Suit* exposes social ills in a presentational style. It is a play that is closer to the docu-drama form, owing more to Brecht than to Clifford Odets as the action reveals the events surrounding the infamous Sleepy Lagoon Murder Trial of 1942. By employing a narrator, Valdez is discarding a totally representational style in favor of this more direct contact with his audience. El Pachuco's almost constant presence underscores the central character, Henry Reyna's inner thoughts and tribulations, skillfully captivating the audience and serving as a continual commentator on the action.

Just as La Muerte did in *Soldado Razo*, El Pachuco even stops the action entirely in order to make a point, telling Henry (and the audience) to listen again when the judge rules that the "zoot haircuts will be retained throughout the trial for purposes of identification. . . ." It is a kind of "instant replay" that is only used once for maximum effect. In another example of narrative license and metatheatre, Act 1, Scene 7, El Pachuco stops the fight between Henry and Rafas, freezing the action. Then he says, "Que mamada, Hank. That's exactly what the play needs right now. Two more Mexicans killing each other. Watch... Everybody's looking at you." Countering the figure of

El Pachuco is the allegorical character of The Press, a morality play theatrical device which descends directly from the acto as well.

Like the corrido form, there is a musical underscoring in *Zoot Suit*, placing the events in a historical context by employing the music of the period. El Pachuco sings some of the songs, as in a corrido, setting the mood through lyrics such as those that introduce the "Saturday Night Dance" in Act One, Scene Seven. While El Pachuco sings, the actors dance to the rhythms he creates, transforming from youthful fun to vengeful intensity gone wild by the end of the scene.

Some of the songs are original while others are traditional Latin or Anglo-American tunes, such as Glenn Miller's "In The Mood." Unlike the corrido, in which the music was played by live musicians, however, the music is pre-recorded. The choreography is also more like that of a musical comedy during the dance numbers, staged with historical authenticity to enhance the theatricality and further engage the audience.

Most importantly, this play places the Chicanos in an historical context that identifies them as "American" by showing that they, too, danced the swing as well as the mambo. Valdez is telling his audience that the Chicanos' taste for music can be as broad as anyone's. He is also revealing a trans-culturation in the Chicanos' language, customs and myths. As Valdez so emphatically stated when this play first appeared, "this is an American play," attempting to dispel previous notions of separatism from the society at large. He is also reminding us that Americans populate the *Américas*, not just the United States.

Valdez will not ignore his indigenous American ancestors, either, employing elements of the mito very subtly when the Pachuco is stripped of his zoot suit and remains covered only by an indigenous loincloth. This image suggests the sacrificial "god" of the Aztecs, stripped bare before his heart is offered to the cosmos. It is a stunning moment in the play, when the cocky Pachuco is reduced to bare nakedness in piercing contrast to his treasured "drapes." He may be naked, but he rises nobly in his bareness, dissolving into darkness. He will and does return.[8]

The character of El Pachuco also represents the Aztec concept of the "nahual," or other self, as he comes to Henry's support during the solitary scene in prison. Henry is frightened, stripped emotionally bare in his cell, and must rely on his imagination to recall the spirit of El Pachuco in order to survive. The strength he receives from his other self is determined by his ability to get in touch with his nahual.

Like most of Valdez's works, this play dramatizes a Chicano family in crisis. Henry Reyna is the central figure, but he is not alone. His *familia* is the link with the Chicano community in the audience, a continuing reminder that the Chicano is a community. Unlike the members of his family, however, Henry's alter-ego brings another dimension to this misunderstood figure. El Pachuco represents an inner attitude of defiance that determines Henry's actions most of the time. El Pachuco is reminiscent at times of the Diablo and Diabla characters that permeated the corridos, motivating the characters' hapless choices as in Medieval morality plays.

El Pachuco's advice is not based on a moral choice, as in the corridos, but rather, on judgments of character. Mostly, El Pachuco represents the defiance against the system that identifies and determines the pachuco character. Sometimes, Henry does not take El Pachuco's advice, choosing instead to do what he thinks is right. At times, Henry has no choice, whether he listens to his alter-ego or to another part of himself, he will still get beaten. Interestingly, El Pachuco is sometimes more politically astute than the defendants themselves, allowing Henry an awareness his fellows do not have. In other instances, such as when the boys debate whether to confide in George, the boys' instincts are better for the whole, and Henry must ignore El Pachuco's advice.

Now available in video, the motion picture of *Zoot Suit* is a vivid record of elements of the original stage production, for it was filmed in the Aquarius Theatre in Hollywood, where it had played. The motion picture recreates and reconstructs the play. At times we watch the action unfolding as if we, too, are one of the hundreds sitting in the audience, watching the play; then suddenly the characters are in a realistic setting, as in a sound stage, and we are enveloped in social realism. Just as the Pachuco continually reminds the audience that "this is just a play" in the stage version, the film also prompts us to remember that this is a demonstration of actual events, urging us to think about it as we watch the action moving back and forth between realities. *Zoot Suit* is also a re-writing of history, the central issue in many of his plays, as Valdez delves even further into the Chicanos' historical experiences.

For many years Valdez did not allow *Zoot Suit* to be produced, hoping for the major funding necessary to mount a professional, national tour. In 2000, the play was produced by the San Diego Repertory Theatre and Southwestern College, directed by William Virchis. This production proved so successful that Valdez then allowed the Goodman Theatre of Chicago, a major regional theatre, to produce the play, directed by Henry Godínez. In the 2002-03 season, *Zoot Suit* was re-mounted in San Juan Bautista, directed by one of Valdez's sons, Kinan Valdez, with a cast that included members of the next generation of Valdezes. The production played to record crowds, proving once again the impact and importance of this play. In 2004, El Teatro Campesino staged their production in San Jose, California, the first in what would become a 25th Anniversary national tour. *Zoot Suit* lives on and remains the first and only play written and directed by a Chicano on Broadway.

Conclusion

From street theatre to melodrama-within-a-play to video-within-a-play, to a vision of the past and the future, Luis Valdez takes us on theatrical explorations that offer no easy solutions. The earliest actos offered clearly defined socio-political action: "Join the union," "Boycott grapes," etc. But what to do about distorted history or negative portrayals of Chicanos in the media? Can any of us, as Sonny Villa proposes to do, write and produce films and videos that cut through the biases of generations? Only a select few have had that opportunity, and Luis Valdez is one of them.

Ultimately, Valdez's plays present us with different aspects of the playwright himself. Valdez is the Pachuco of Broadway, the social bandit of the media and the brilliant student who will change the face of Hollywood portrayals of his people. He may even be that Yaqui woman, carrying her fetus until it is time to let it live, free. He laughs at himself as much as at historians and Hollywood in these plays, exploding myths by creating others, transforming the way in which Chicanos and Chicanas view themselves within the context of this society. For each of his plays is finally about a search for identity through the playwright's quest for what is reality, past, present and future. "How can we know who we are," he continually asks, "if we do not know who we were?"

In the thirty-nine years since he founded El Teatro Campesino, Luis Valdez has made an odyssey few theater artists in the United States can claim. This course could not have been predicted, yet the journey was inevitable. Yes, Valdez has gone from the fields of Delano to the migrant labor of a theater artist, to the even more complex world of Broadway and Hollywood, otherwise known as "*jalewood*." But he has never forgotten his roots, has never abandoned the beauty of his languages, both *inglés* and Spanish. Nor has he forgotten about his people's troubles and triumphs. Valdez teaches us to laugh at ourselves as we work to improve the conditions in our barrios and in our nation. In particular, he urges us to embrace life with all of the vigor we can muster in the midst of seemingly insurmountable obstacles. May this play and all of his plays continue to inspire others to follow in his footsteps. Further, by publishing *Zoot Suit* in Spanish as well as English, this play will now reach the millions of people in the Spanish-speaking world who will gain a greater understanding of their sisters and brothers living in the United States.

Finally, it is important to note that *Zoot Suit* opened the doors to regional theatres across the country to other Latina and Latino plays and production teams.[9] This historic play demonstrates the fact that Chicanas and Chicanos have many stories to tell, some fact, some fiction and others, like this play, a "construct of fact and fantasy." The facts are irrefutable; the fantasy is what you make of it.

Jorge Huerta, Ph.D.
Chancellor's Associates Professor of Theatre
University of California, San Diego

Notes

1. For a fascinating and paradigmatic comparison of the early El Teatro Campesino and the Black Revolutionary Theatre see Harry J. Elam, Jr., *Taking It to the Streets: The Social protest Theater of Luis Valdez and Amiri Baraka* (Ann Arbor: University of Michigan Press, 1997).

2. For a discussion of the Teatro Campesino's "rasquachi aesthetic," see Yolanda Broyles-González, *El Teatro Campesino: Theater in the Chicano Movement* (Austin: University of Texas Press, 1994), pp. 35–58.

3. Luis Valdez, *Early Works: Actos, Bernabé, Pensamiento Serpentino* (Houston: Arte Público, 1990), p. 170.

4. For a thorough description and analysis of the "Theatre of the Sphere," see Broyles-González, chapter 2.

5. *Bandido!* is published in Luis Valdez, *Zoot Suit and Other Plays* (Houston: Arte Público Press, 1992), pp. 95–154. I discuss this play in the Introduction, pp. 16–18.

6. Valdez's latest play, *Earthquake Sun,* premiered at the San Diego Repertory Theatre in 2004, directed by the playwright. Still a work-in-progress, this plays takes place in three time periods, the classical Mayan, the present and the future.

7. *Zoot Suit* and its director/playwright were not without their critics in the Chicana/o community. For an overview of these critiques see Broyles-González, especially pp. 177–208.

8. For an interesting analysis of the Pachuco and violence, see Mark Pizzato, *Theatres of Human Sacrifice: From Ancient Ritual to Screen Violence* (Albany: State University of New York Press, 2004.) Pizzato compares El Pachuco to Tezcatlipoca on pgs. 119–122 and the stripping of the zoot suit to the Aztec flaying of a sacrificed warrior's skin a the festival of the god, Xipe Totec, on pg. 114.

9. I credit the New York Shakespeare Festival production of Miguel Piñero's *Short Eyes* in 1974 and the 1978 production of *Zoot Suit* in Los Angeles for marking the era of "mainstreaming" Latina/o theatre.

Zoot Suit

CHARACTERS

EL PACHUCO
HENRY REYNA

His Family:
ENRIQUE REYNA
DOLORES REYNA
LUPE REYNA
RUDY REYNA

His Friends:
GEORGE SHEARER
ALICE BLOOMFIELD

His Gang:
DELLA BARRIOS
SMILEY TORRES
JOEY CASTRO
TOMMY ROBERTS
ELENA TORRES
BERTHA VILLARREAL

The Downey Gang:
RAFAS
RAGMAN
HOBO
CHOLO
ZOOTER
GÜERA
HOBA
BLONDIE
LITTLE BLUE

Detectives:
LIEUTENANT EDWARDS
SERGEANT SMITH

The Press:
PRESS
CUB REPORTER
NEWSBOY

The Court:
JUDGE F.W. CHARLES
BAILIFF

The Prison:
GUARD

The Military:
BOSUN'S MATE
SAILORS
MARINE
SWABBIE
MANCHUKA
SHORE PATROLMAN

Others:
GIRLS
PIMP
CHOLO

SETTING

The giant facsimile of a newspaper front page serves as a drop curtain.

The huge masthead reads: LOS ANGELES HERALD EXPRESS Thursday, June 3, 1943.

A headline cries out: ZOOT-SUITER HORDES INVADE LOS ANGELES. US NAVY AND MARINES ARE CALLED IN.

Behind this are black drapes creating a place of haunting shadows larger than life. The somber shapes and outlines of pachuco images hang subtly, black on black, against a back-ground of heavy fabric evoking memories and feelings like an old suit hanging forgotten in the depths of a closet somewhere, sometime . . . Below this is a sweeping, curving place of levels and rounded corners with the hard, ingrained brilliance of countless spit shines, like the memory of a dance hall.

ACT ONE
PROLOGUE

A switchblade plunges through the newspaper. It slowly cuts a rip to the bottom of the drop. To the sounds of "Perdido" by Duke Ellington, EL PACHUCO emerges from the slit. HE adjusts his clothing, meticulously fussing with his collar, suspenders, cuffs. HE tends to his hair, combing back every strand into a long luxurious ducktail, with infinite loving pains. Then HE reaches into the slit and pulls out his coat and hat. HE dons them. His fantastic costume is complete. It is a zoot suit. HE is transformed into the very image of the pachuco myth, from his pork-pie hat to the tip of his four foot watch chain. Now HE turns to the audience. His three-soled shoes with metal taps click-clack as HE proudly, slovenly, defiantly makes his way downstage. HE stops and assumes a pachuco stance.

PACHUCO:

¿Qué le watcha a mis trapos, ése?
¿Sabe qué, carnal?
Estas garras me las planté porque
vamos a dejarnos caer un play, ¿sabe?
(HE *crosses to center stage, models his clothes.*)
Watcha mi tacuche, ése. Aliviánese con mis calcos, tando,
lisa, tramos, y carlango, ése.
(*Pause.*)
Nel, sabe qué, usted está muy verdolaga. Como se me hace
que es puro square.
(EL PACHUCO *breaks character and addresses the audience in
perfect English.*)
Ladies and gentlemen
the play you are about to see
is a construct of fact and fantasy.
The Pachuco style was an act in life

5

and his language a new creation.
His will to be was an awesome force
eluding all documentation . . .
A mythical, quizzical, frightening being
precursor of revolution
Or a piteous, hideous heroic joke
deserving of absolution?
I speak as an actor on the stage.
The Pachuco was existential
for he was an actor in the streets
both profane and reverential.
It was the secret fantasy of every bato
in or out of the Chicanada
to put on a Zoot Suit and play the Myth
más chucote que la chingada.
(*Puts hat back on and turns.*)
¡Pos órale! (*Music. The newspaper drop flies.* EL PACHUCO
begins his chuco stroll upstage, swinging his watch chain.)

1. ZOOT SUIT

The scene is a barrio dance in the forties. PACHUCOS *and*
PACHUCAS *in zoot suits and pompadours.*

They are members of the 38TH STREET GANG, *led by* HENRY
REYNA, 21, *dark, Indian-looking, older than his years, and* DELLA
BARRIOS, 20, *his girlfriend in miniskirt and fingertip coat. A*
SAILOR *called* SWABBIE *dances with his girlfriend* MANCHUKA
among the COUPLES. *Movement. Animation.* EL PACHUCO *sings.*

PACHUCO:

PUT ON A ZOOT SUIT, MAKES YOU FEEL REAL ROOT
LOOK LIKE A DIAMOND, SPARKLING, SHINING
READY FOR DANCING
READY FOR THE BOOGIE TONIGHT!
(*The* COUPLES, *dancing, join the* PACHUCO *in exclaiming the
last term of each line in the next verse.*)

THE HEPCATS UP IN HARLEM WEAR THAT DRAPE SHAPE
COMO LOS PACHUCONES DOWN IN L.A.
WHERE HUISAS IN THEIR POMPADOURS LOOK REAL
KEEN ON THE DANCE FLOOR OF THE BALLROOMS
DONDE BAILAN SWING.

YOU BETTER GET HEP TONIGHT
AND PUT ON THAT ZOOT SUIT!

(*The* DOWNEY GANG, *a rival group of pachucos enters
upstage left. Their quick dance step becomes a challenge to* 38TH
STREET.)

DOWNEY GANG: Downey . . . ¡Rifa!
HENRY: (*Gesturing back.*) ¡Toma! (*The music is hot.* EL PACHU-
CO *slides across the floor and momentarily breaks the tension.*
HENRY *warns* RAFAS, *the leader of the* DOWNEY GANG,
when HE *sees him push his brother* RUDY.) ¡Rafas!
PACHUCO: (*Sings.*)

TRUCHA, ESE LOCO, VAMOS AL BORLO
WEAR THAT CARLANGO, TRAMOS Y TANDO
DANCE WITH YOUR HUISA
DANCE TO THE BOOGIE TONIGHT!

'CAUSE THE ZOOT SUIT IS THE STYLE IN CALIFORNIA
TAMBIÉN EN COLORADO Y ARIZONA
THEY'RE WEARING THAT TACUCHE EN EL PASO
Y EN TODOS LOS SALONES DE CHICAGO

YOU BETTER GET HEP TONIGHT
AND PUT ON THAT ZOOT SUIT!

2. THE MASS ARRESTS

*We hear a siren, then another, and another. It sounds like gang-
busters. The dance is interrupted.* COUPLES *pause on the dance floor.*

PACHUCO: Trucha, la jura. ¡Pélenle! (*Pachucos start to run out, but* DETECTIVES *leap onstage with drawn guns. A* CUB REPORTER *takes flash pictures.*)

SGT. SMITH: Hold it right there, kids!

LT. EDWARDS: Everybody get your hands up!

RUDY: Watcha! This way! (RUDY *escapes with some others.*)

LT. EDWARDS: Stop or I'll shoot! (EDWARDS *fires his revolver into the air. A number of pachucos and their girlfriends freeze. The cops round them up.* SWABBIE, *an American sailor, and* MANCHUKA, *a Japanese-American dancer, are among them.*)

SGT. SMITH: ¡Ándale! (*Sees* SWABBIE.) You! Get out of here.

SWABBIE: What about my girl?

SGT. SMITH: Take her with you. (SWABBIE *and* MANCHUKA *exit.*)

HENRY: What about my girl?

LT. EDWARDS: No dice, Henry. Not this time. Back in line.

SGT. SMITH: Close it up!

LT. EDWARDS: Spread! (*The* PACHUCOS *turn upstage in a line with their hands up. The sirens fade and give way to the sound of a teletype. The* PACHUCOS *turn and form a lineup, and the* PRESS *starts shooting pictures as* HE *speaks.*)

PRESS: The City of the Angels, Monday, August 2, 1942. The *Los Angeles Examiner,* Headline:

THE LINEUP: (*In chorus.*) Death Awakens Sleepy Lagoon (*Breath.*) LA Shaken by Lurid "Kid" Murder.

PRESS: The City of the Angels, Monday, August 2, 1942. The *Los Angeles Times* Headline:

THE LINEUP: One Killed, Ten Hurt in Boy Wars: (*Breath.*) Mexican Boy Gangs Operating Within City.

PRESS: The City of the Angels, August 2, 1942. *Los Angeles Herald Express* Headline:

THE LINEUP: Police Arrest Mexican Youths. Black Widow Girls in Boy Gangs.

PRESS: The City of the Angels . . .

PACHUCO: (*Sharply.*) El Pueblo de Nuestra Señora la Reina de los

Ángeles de Porciúncula, pendejo.

PRESS: (*Eyeing the* PACHUCO *cautiously.*) *The Los Angeles Daily News* Headline:

BOYS IN THE LINEUP: Police Nab 300 in Roundup.

GIRLS IN THE LINEUP: Mexican Girls Picked Up in Arrests.

LT. EDWARDS: Press Release, Los Angeles Police Department: A huge showup of nearly 300 boys and girls rounded up by the police and sheriff's deputies will be held tonight at eight o'clock in Central Jail at First and Hill Street. Victims of assault, robbery, purse snatching, and similar crimes are asked to be present for the identification of suspects.

PRESS: Lieutenant . . . ? (EDWARDS *poses as the* PRESS *snaps a picture.*)

LT. EDWARDS: Thank you.

PRESS: Thank you. (SMITH *gives a signal, and the lineup moves back, forming a straight line in the rear, leaving* HENRY *upfront by himself.*)

LT. EDWARDS: Move! Turn! Out! (As *the rear line moves off to the left following* EDWARDS, SMITH *takes* HENRY *by the arm and pulls him downstage, shoving him to the floor.*)

3. PACHUCO YO

SGT. SMITH: Okay, kid, you wait here till I get back. Think you can do that? Sure you can. You pachucos are regular tough guys. (SMITH *exits.* HENRY *sits up on the floor.* EL PACHUCO *comes forward.*)

HENRY: Bastards. (HE *gets up and paces nervously. Pause.*) ¿Ése? ¿Ése?

PACHUCO: (*Behind him.*) ¿Qué pues, nuez?

HENRY: (*Turning.*) Where the hell you been, ése?

PACHUCO: Checking out the barrio. Qué desmadre, ¿no?

HENRY: What's going on, ése? This thing is big.

PACHUCO: The city's cracking down on pachucos, carnal. Don't you read the newspapers? They're screaming for blood.

HENRY: All I know is they got nothing on me. I didn't do anything.

PACHUCO: You're Henry Reyna, ése—Hank Reyna! The snarling juvenile delinquent. The zootsuiter. The bitter young pachuco gang leader of 38th Street. That's what they got on you.

HENRY: I don't like this, ése. (*Suddenly intense.*) I DON'T LIKE BEING LOCKED UP!

PACHUCO: Calmantes montes, chicas patas. Haven't I taught you to survive? Play it cool.

HENRY: They're going to do it again, ése! They're going to charge me with some phony rap and keep me until they make something stick.

PACHUCO: So what's new?

HENRY: (*Pause.*) I'm supposed to report for the Navy tomorrow. (EL PACHUCO *looks at him with silent disdain.*) You don't want me to go, do you?

PACHUCO: Stupid move, carnal.

HENRY: (*Hurt and angered by* PACHUCO's *disapproval.*) I've got to do something.

PACHUCO: Then hang tough. Nobody's forcing you to do shit.

HENRY: I'm forcing me, ése—ME, you understand?

PACHUCO: Muy patriotic, eh?

HENRY: Yeah.

PACHUCO: Off to fight for your country.

HENRY: Why not?

PACHUCO: Because this ain't your country. Look what's happening all around you. The Japs have sewed up the Pacific. Rommel is kicking ass in Egypt but the mayor of L.A. has declared all-out war on Chicanos. On you! ¿Te curas?

HENRY: Órale.

PACHUCO: Qué mamada, ¿no? Is that what you want to go out and die for? Wise up. These bastard paddy cops have it in for you. You're a marked man. They think you're the enemy.

HENRY: (*Refusing to accept it.*) Screw them bastard cops!

PACHUCO: And as soon as the Navy finds out you're in jail again, ya estuvo, carnal. Unfit for military duty because of your record. Think about it.

HENRY: (*Pause.*) You got a frajo?

PACHUCO: Simón. (HE pulls *out a cigarette, hands it to* HENRY, *lights it for him.* HENRY *is pensive.*)

HENRY: (*Smokes, laughs ironically.*) I was all set to come back a hero, see? Me la rayo. For the first time in my life I really thought Hank Reyna was going someplace.

PACHUCO: Forget the war overseas, carnal. Your war is on the homefront.

HENRY: (*With new resolve.*) What do you mean?

PACHUCO: The barrio needs you, carnal. Fight back! Stand up to them with some style. Show the world a Chicano has balls. Hang tough. You can take it. Remember, Pachuco Yo!

HENRY: (*Assuming the style.*) Con safos, carnal.

4. THE INTERROGATION

The PRESS *enters, followed by* EDWARDS *and* SMITH.

PRESS: (*To the audience.*) Final Edition; The *Los Angeles Daily News.* The police have arrested twenty-two members of the 38th Street Gang, pending further investigation of various charges.

LT. EDWARDS: Well, son, I was hoping I wouldn't see you in here again.

HENRY: Then why did you arrest me?

LT. EDWARDS: Come on, Hank, you know why you're here.

HENRY: Yeah. I'm a Mexican.

LT. EDWARDS: Don't give me that. How long have I known you? Since '39?

HENRY: Yeah, when you got me for stealing a car, remember?

LT. EDWARDS: All right. That was a mistake. I didn't know it was your father's car. I tried to make it up to you. Didn't I help you set up the youth club?

SGT. SMITH: They turned it into a gang, lieutenant. Everything they touch turns to shit.

LT. EDWARDS: I remember a kid just a couple of years back. Head boy at the Catholic Youth Center. His idea of fun was going to the movies. What happened to that nice kid, Henry?

PRESS: He's "Gone With The Wind," trying to look like Clark Gable.

SGT. SMITH: Now he thinks he's Humphrey Bogart.

PACHUCO: So who are you, puto? Pat O'Brien?

LT. EDWARDS: This is the wrong time to be anti-social, son. This country's at war, and we're under strict orders to crack down on all malcontents.

SGT. SMITH: Starting with all pachucos and draft dodgers.

HENRY: I ain't no draft dodger.

LT. EDWARDS: I know you're not. I heard you got accepted by the Navy. Congratulations. When do you report?

HENRY: Tomorrow?

SGT. SMITH: Tough break!

LT. EDWARDS: It's still not too late, you know. I could still release you in time to get sworn in.

HENRY: If I do what?

LT. EDWARDS: Tell me, Henry, what do you know about a big gang fight last Saturday night, out at Sleepy Lagoon?

PACHUCO: Don't tell 'em shit.

HENRY: Which Sleepy Lagoon?

LT. EDWARDS: You mean there's more than one? Come on, Hank, I know you were out there. I've got a statement from your friends that says you were beaten up. Is that true? Were you and your girl attacked?

HENRY: I don't know anything about it. Nobody's ever beat me up.

SGT. SMITH: That's a lie and you know it. Thanks to your squealer friends, we've got enough dope on you to indict for murder right now.

HENRY: Murder?

SGT. SMITH: Yeah, murder. Another greaser named José Williams.

HENRY: I never heard of the bato.

SGT. SMITH: Yeah, sure.

LT. EDWARDS: I've been looking at your record, Hank. Petty theft, assault, burglary, and now murder. Is that what you want? The gas chamber? Play square with me. Give me a statement as to

what happened at the Lagoon, and I'll go to bat for you with the
Navy. I promise you.

PACHUCO: If that ain't a line of gabacho bullshit, I don't know
what is.

LT. EDWARDS: Well?

PACHUCO: Spit in his pinche face.

SGT. SMITH: Forget it, lieutenant. You can't treat these animals like
people.

LT. EDWARDS: Shut up! I'm thinking of your family, Hank. Your
old man would be proud to see you in the Navy. One last chance,
son. What do you say?

HENRY: I ain't your son, cop.

LT. EDWARDS: All right, Reyna, have it your way. (EDWARDS
and PRESS *exit.*)

PACHUCO: You don't deserve it, ése, but your going to get it anyway.

SGT. SMITH: All right, muchacho, it's just me and you now. I hear
you pachucos wear these monkey suits as a kind of armor. Is that
right? How's it work? This is what you zooters need—a little
old-fashioned discipline.

HENRY: Screw you, flatfoot.

SGT. SMITH: You greasy son of a bitch. What happened at the
Sleepy Lagoon? Talk! Talk! Talk! (SMITH *beats* HENRY *with
a rubber sap.* HENRY *passes out and falls to the floor, with his
hands still handcuffed behind his back.* DOLORES *his mother
appears in a spot upstage as he falls.*)

DOLORES: Henry! (*Lights change. Four* PACHUCO COUPLES
enter, dancing a 40's pasodoble (*two-step*) *around* HENRY *on the
floor, as they swing in a clothesline of newspaper sheets. Music.*)

PACHUCO:

Get up and escape, Henry . . .
leave reality behind
with your buenas garras
muy chamberlain

escape through the barrio streets of your mind
through a neighborhood of memories
all chuckhole lined
and the love
and the pain
as fine as wine . . .
(HENRY *sits up, seeing his mother* DOLORES *folding newspaper sheets like clothes on a clothesline.*)

DOLORES: Henry?

PACHUCO: It's a lifetime ago, last Saturday night . . . before Sleepy Lagoon and the big bad fight.

DOLORES: Henry!

PACHUCO: Tu mamá, carnal. (HE *recedes into the background.*)

DOLORES: (*At the clothesline.*) Henry, ¿hijo? Ven a cenar.

HENRY: (*Gets up off the floor.*) Sorry, jefita, I'm not hungry. Besides, I got to pick up Della. We're late for the dance.

DOLORES: Dance? In this heat? Don't you muchachos ever think of anything else? God knows I suffer la pena negra seeing you go out every night.

HENRY: This isn't just any night, jefa. It's my last chance to use my tacuche.

DOLORES: ¿Tacuche? Pero to padre . . .

HENRY: (*Revealing a stubborn streak.*) I know what mi 'apá said, 'amá. I'm going to wear it anyway.

DOLORES: (*Sighs, resigns herself.*) Mira, hijo. I know you work hard for your clothes. And I know how much they mean to you. Pero por Diosito santo, I just don't know what you see en esa cochinada de "soot zoot."

HENRY: (*Smiling.*) Drapes, 'amá, we call them drapes.

DOLORES: (*Scolding playfully.*) Ay sí, drapes, muy funny, ¿verdad? And what do the police call them, eh? They've put you in jail so many times. ¿Sabes qué? I'm going to send them all your clothes!

HENRY: A qué mi 'amá. Don't worry. By this time next week, I'll be wearing my Navy blues. Okay?

DOLORES: Bendito sea Dios. I still can't believe you're going off to war. I almost wish you were going back to jail.

HENRY: ¡Órale! (*LUPE REYNA, 16, enters dressed in a short skirt and baggy coat. She is followed by* DELLA BARRIOS, *17, dressed more modestly.* LUPE *hides behind a newspaper sheet on the line.*)

LUPE: Hank! Let's go, carnal. Della's here.

HENRY: Della . . . Órale, ésa. What are you doing here? I told you I was going to pick you up at your house.

DELLA: You know how my father gets.

HENRY: What happened?

DELLA: He treats me like a nun sometimes.

DOLORES: Della, hija, buenas noches. How pretty you look.

DELLA: Buenas noches. (DOLORES *hugs* DELLA, *then spots* LUPE *hiding behind the clothesline.*)

DOLORES: (*To* LUPE.) Oye y ¿tú? What's wrong with you? What are you doing back there.

LUPE: Nothing, 'amá.

DOLORES: Well, come out then.

LUPE: We're late, 'amá.

DOLORES: Come out, te digo. (LUPE *comes out exposing her extremely short skirt.* DOLORES *gasps.*) ¡Válgame Dios! Guadalupe, are you crazy? Why bother to wear anything?

LUPE: Ay, 'amá, it's the style. Short skirt and fingertip coat. Huh, Hank?

HENRY: Uh, yeah, 'amá.

DOLORES: ¿Oh sí? And how come Della doesn't get to wear the same style?

HENRY: No . . . that's different. No, chale.

ENRIQUE: (*Off.*) ¡Vieja!

DOLORES: Ándale. Go change before your father sees you.

ENRIQUE: I'm home. (*Coming into the scene.*) Buenas noches, everybody. (All *respond.* ENRIQUE *sees* LUPE.) ¡Ay, jijo! Where's the skirt?!

LUPE: It's here.

ENRIQUE: Where's the rest of it?

DOLORES: She's going to the dance.

ENRIQUE: ¿Y a mí qué me importa? Go and change those clothes. Ándale.

LUPE: Please, 'apá?

ENRIQUE: No, señorita.

LUPE: Chihuahua, I don't want to look like a square.

ENRIQUE: ¡Te digo que no! I will not have my daughter looking like a . . .

DOLORES: Like a puta . . . I mean, a pachuca.

LUPE: (*Pleading for help.*) Hank . . .

HENRY: Do what they say, sis.

LUPE: But you let Henry wear his drapes.

ENRIQUE: That's different. He's a man. Es hombre.

DOLORES: Sí, that's different. You men are all alike. From such a stick, such a splinter. De tal palo, tal astillota.

ENRIQUE: Natural, muy natural, and look how he came out. ¡Bien macho! Like his father. ¿Verdad, m'ijo?

HENRY: If you say so, jefito.

ENRIQUE: (*To* DELLA.) Buenas noches.

DELLA: Buenas noches.

HENRY: 'Apá, this is Della Barrios.

ENRIQUE: Mira, mira . . . So this is your new girlfriend, eh? Muy bonita. Quite a change from the last one.

DOLORES: Ay, señor.

ENRIQUE: It's true. What was her name?

DELLA: Bertha?

ENRIQUE: That's the one. The one with the tattoo.

DOLORES: Este hombre. We have company.

ENRIQUE: That reminds me. I invited the compadres to the house mañana.

DOLORES: ¿Que qué?

ENRIQUE: I'm buying a big keg of cerveza to go along with the menudo.

DOLORES: Oye, ¿cuál menudo?

ENRIQUE: (*Cutting him* off) ¡Qué caray, mujer! It isn't every day a man's son goes off to fight for his country. I should know. Della, m'ija, when I was in the Mexican Revolution, I was not even as old as my son is.

DOLORES: N'ombre, don't start with your revolution. We'll be here all night.

HENRY: Yeah, jefe, we've got to go.

LUPE: (*Comes forward. She has rolled down her skirt.*) 'Apá, is this better?

ENRIQUE: Bueno. And you leave it that way.

HENRY: Órale, pues. It's getting late. Where's Rudy?

LUPE: He's still getting ready. Rudy! (RUDY REYNA, *19, comes downstage in an old suit made into a tacuche.*)

RUDY: Let's go everybody. I'm ready.

ENRIQUE: Oye, oye, ¿y tú? What are you doing with my coat?

RUDY: It's my tacuche, 'apá.

ENRIQUE: ¡Me lleva la chingada!

DOLORES: Enrique . . . ¡por el amor de Dios!

ENRIQUE: (*To* HENRY.) You see what you're doing? First that one and now this one. (*To* RUDY.) Hijo, don't go out like that. Por favor. You look like an idiot, pendejo.

RUDY: Órale, Hank. Don't I look all right?

HENRY: Nel, ése, you look fine. Watcha. Once I leave for the service, you can have my tachuche. Then you can really be in style. ¿Cómo la ves?

RUDY: Chale. Thanks, carnal, but if I don't join the service myself, I'm gonna get my own tacuche.

HENRY: You sure? I'm not going to need it where I'm going. ¿Tú sabes?

RUDY: Are you serious?

HENRY: Simón.

RUDY: I'll think about it.

HENRY: Pos, no hay pedo, ése.

ENRIQUE: ¿Cómo que pedo? ¿Nel? ¿Simón? Since when did we stop speaking Spanish in this house? Have you no respect?

DOLORES: Muchachos, muchachos, go to your dance. (HENRY *starts upstage.*)

ENRIQUE: When I was your age, I had to kiss my father's hand.

HENRY: Buenas noches . . . (ENRIQUE *holds out his hand. HENRY stops, looks, and then returns to kiss his father's hand. Then* HE *moves to kiss his* MOTHER *and* RUDY *licks* ENRIQUE*'s hand.*)

ENRIQUE: ¡Ah, jijo!

HENRY: Órale, we'd better get going . . . (General *"goodbyes" from everybody.*)

ENRIQUE: (*As* RUDY *goes past him.*) Henry! Don't let your brother drink beer.

RUDY: Ay, 'apá. I can take care of myself.

DOLORES: I'll believe that when I see it. (SHE *kisses him on the nose.*)

LUPE: Ahí to watcho, 'amá.

ENRIQUE: ¿Que qué?

LUPE: I mean, I'll see you later. (HENRY, DELLA, LUPE *and* RUDY *turn upstage. Music starts.*)

ENRIQUE: Mujer, why didn't you let me talk?

DOLORES: (*Sighing.*) Talk, señor, talk all you want. I'm listening. (ENRIQUE *and* DOLORES *exit up right.* RUDY *and* LUPE *exit up left. Lights change. We hear hot dance music.* HENRY *and* DELLA *dance at center stage.* EL PACHUCO *sings.*)

PACHUCO:

CADA SÁBADO EN LA NOCHE
YO ME VOY A BORLOTEAR
CON MI LINDA PACHUCONA
LAS CADERAS A MENEAR

ELLA LE HACE MUY DE AQUÉLLAS
CUANDO EMPIEZA A GUARACHAR
AL COMPÁS DE LOS TIMBALES
YO ME SIENTO PETATEAR

(From upstage right, three pachucos now enter in a line, moving to the beat. They are JOEY CASTRO, *17;* SMILEY TORRES, *23; and* TOMMY ROBERTS, *19, Anglo. They all come downstage left in a diagonal.)*

LOS CHUCOS SUAVES BAILAN RUMBA
BAILAN LA RUMBA Y LE ZUMBAN
BAILAN GUARACHA SABROSÓN
EL BOTECITO Y EL DANZÓN!

(Chorus repeats, the music fades. HENRY *laughs and happily embraces* DELLA.*)*

5. THE PRESS

Lights change. EL PACHUCO *escorts* DELLA *off right.* THE PRESS *appears at upstage center.*

PRESS: *Los Angeles Times:* August 8, 1942.

A NEWSBOY *enters, lugging in two more bundles of newspapers, hawking them as he goes.* PEOPLE *of various walks of life enter at intervals and buy newspapers. They arrange themselves in the background reading.*

NEWSBOY: EXTRA! EXTRAAA! READ ALL ABOUT IT. SPECIAL SESSION OF L.A. COUNTY GRAND JURY CONVENES. D.A. CHARGES CONSPIRACY IN SLEEPY LAGOON MURDER. EXTRAAA! *(A* CUB REPORTER *emerges and goes to the* PRESS, *as* LIEUTENANT EDWARDS *enters.)*
CUB REPORTER: Hey, here comes Edwards! *(*EDWARDS *is beseiged by the* PRESS, *joined by* ALICE BLOOMFIELD, *26, a woman reporter.)*
PRESS: How about it, lieutenant? What's the real scoop on the Sleepy Lagoon? Sex, violence . . .
CUB REPORTER: Marijuana?

NEWSBOY: Read all about it! Mexican Crime Wave Engulfs L.A.

LT. EDWARDS: Slums breed crime, fellas. That's your story.

ALICE: Lieutenant, what exactly is the Sleepy Lagoon?

CUB REPORTER: A great tune by Harry James, doll. Wanna dance? (ALICE *ignores the* CUB.)

LT. EDWARDS: It's a reservoir. An old abandoned gravel pit, really. It's on a ranch between here and Long Beach. Serves as a swimming hole for the younger Mexican kids.

ALICE: Because they're not allowed to swim in the public plunges?

PRESS: What paper are you with, lady? *The Daily Worker?*

LT. EDWARDS: It also doubles as a sort of lovers' lane at night, which is why the gangs fight over it. Now they've finally murdered somebody.

NEWSBOY: EXTRA! EXTRA! ZOOT-SUITED GOONS OF SLEEPY LAGOON!

LT EDWARDS: But we're not going to mollycoddle these youngsters any more. And you can quote me on that.

PRESS: One final question, lieutenant. What about the 38th Street Gang—weren't you the first to arrest Henry Reyna?

LT. EDWARDS: I was. And I noticed right away the kid had great leadership potential. However . . .

PRESS: Yes?

LT. EDWARDS: You can't change the spots on a leopard.

PRESS: Thank you, sir. (PEOPLE *with newspapers crush them and throw them down as they exit.* EDWARDS *turns and exits.* ALICE *turns towards* HENRY *for a moment.*)

NEWSBOY: EXTRA, EXTRA. READ ALL ABOUT THE MEXICAN BABY GANGSTERS. EXTRA! EXTRA!

THE PRESS *and* CUB REPORTER *rush out happily to file their stories. The* NEWSBOY *leaves, hawking his papers.* ALICE *exits, with determination. Far upstage,* ENRIQUE *enters with a rolling garbage can. HE is a street sweeper. During the next scene HE silently sweeps up the newspapers, pausing at the last to read one of the news stories.*

6. THE PEOPLE'S LAWYER

JOEY: ¡Chale, ése, chale! Qué pinche agüite.

SMILEY: Mexican Baby Gangsters?!

TOMMY: Zoot-suited goons! I knew it was coming. Every time the D.A. farts, they throw us in the can.

SMILEY: Pos, qué chingados, Hank. I can't believe this. Are they really going to pin us with a murder rap? I've got a wife and kid, man!

JOEY: Well, there's one good thing anyway. I bet you know that we've made the headlines. Everybody knows we got the toughest gang in town.

TOMMY: Listen to this, pip squeak. The biggest heist he ever pulled was a Tootsie Roll.

JOEY: (*Grabbing his privates.*) Here's your Tootsie Roll, ése.

TOMMY: What, that? Get my microscope, Smiley.

JOEY: Why don't you come here and take a little bite, joto.

TOMMY: Joto? Who you calling a joto, maricón?

JOEY: You, white boy. Did I ever tell you, you got the finest little duck ass in the world.

TOMMY: No, you didn't tell me that, culero. (JOEY *and* TOMMY *start sparring.*)

SMILEY: (*Furious.*) Why don't you batos knock it off?

HENRY: (*Cool.*) Cálmenla.

SMILEY: ¡Pinches chavalos! (*The batos stop.*)

JOEY: We're just cabuliando, ése.

TOMMY: Simón, ése. Horsing around. (*He gives* JOEY *a final punch.*)

SMILEY: (*With deep self-pity.*) I'm getting too old for this pedo, Hank. All this farting around con esos chavalillos.

HENRY: Relax, carnal. No to agüites.

SMILEY: You and me have been through a lot, Hank. Parties, chingazos, jail. When you said let's join the pachucada, I joined the pachucada. You and me started the 38th, bato. I followed you even after my kid was born, but what now, carnal? This pinche pedo is serious.

TOMMY: He's right, Hank. They indicted the whole gang.

JOEY: Yeah, you know the only one who ain't here is Rudy. (HENRY *turns sharply.*) He was at the Sleepy Lagoon too, ése. Throwing chingazos.

HENRY: Yeah, but the cops don't know that, do they? Unless one of us turned stoolie.

JOEY: Hey, ése, don't look at me. They beat the shit out of me, but that's all they got. Shit.

TOMMY: That's all you got to give. (*Laughs.*)

HENRY: Okay! Let's keep it that way. I don't want my carnalillo pulled into this. And if anybody asks about him, you batos don't know nothing. You get me?

SMILEY: Simón.

TOMMY: Crazy.

JOEY: (*Throwing his palms out.*) Say, Jackson, I'm cool. You know that.

HENRY: There's not a single paddy we can trust.

TOMMY: Hey, ése, what about me?

HENRY: You know what I mean.

TOMMY: No, I don't know what you mean. I'm here with the rest of you.

JOEY: Yeah, but you'll be the first one out, cabrón.

TOMMY: Gimme a break, maniaco. ¡Yo soy pachuco!

HENRY: Relax, ése. Nobody's getting personal with you. Don't I let you take out my carnala? Well, don't I?

TOMMY: Simón.

HENRY: That's because you respect my family. The rest of them paddies are after our ass.

PACHUCO: Talk about paddies, ése, you got company. (GEORGE SHEARER *enters upstage right and comes down. HE is a middle-aged lawyer, strong and athletic, but with the slightly frazzled look of a people's lawyer.*)

GEORGE: Hi, boys.

HENRY: Trucha!

GEORGE: My name is George Shearer. I've been retained by your parents to handle your case. Can we sit and talk for a little bit?

(*Pause. The* BOYS *eye* GEORGE *suspiciously.* HE *slides a newspaper bundle a few feet upstage.*)

PACHUCO: Better check him out, ése. He looks like a cop.

HENRY: (*To the* GUYS, *sotto voce.*) Pónganse al alba. Éste me huele a chota.

GEORGE: What was that? Did you say I could sit down? Thank you. (HE pulls *a bundle upstage.* HE *sits.*) Okay, let me get your names straight first. Who's José Castro?

JOEY: Right here, ése. What do you want to know?

GEORGE: We'll get to that. Ismael Torres?

SMILEY: (*Deadpan.*) That's me. But they call me Smiley.

GEORGE: (A *wide grin.*) Smiley? I see. You must be Thomas Roberts.

TOMMY: I ain't Zoot Suit Yokum.

GEORGE: Which means you must be Henry Reyna.

HENRY: What if I am. Who are you?

GEORGE: I already told you, my name's George Shearer. Your parents asked me to come.

HENRY: Oh yeah? Where did they get the money for a lawyer?

GEORGE: I'm a People's Lawyer, Henry.

SMILEY: People's Lawyer?

JOEY: Simón, we're people.

TOMMY: At least they didn't send no animal's lawyer.

HENRY: So what does that mean? You doing this for free or what?

GEORGE: (*Surprise turning to amusement.*) I try not to work for free, if I can help it, but I do sometimes. In this case, I expect to be paid for my services.

HENRY: So who's paying you? For what? And how much?

GEORGE: Hey, hey, hold on there. I'm supposed to ask the questions. You're the one going on trial, not me.

PACHUCO: Don't let him throw you, ése.

GEORGE: I sat in on part of the Grand Jury. It was quite a farce, wasn't it? Murder one indictment and all.

SMILEY: You think we stand a chance?

GEORGE: There's always a chance, Smiley. That's what trials are for.

PACHUCO: He didn't answer your question, ése.

HENRY: You still didn't answer my question, mister. Who's paying you? And how much?

GEORGE: (*Getting slightly peeved.*) Well, Henry, it's really none of your damned business. (*The* BOYS *react.*) But for whatever it's worth, I'll tell you a little story. The first murder case I ever tried, and won incidentally, was for a Filipino. I was paid exactly three dollars and fifty cents plus a pack of Lucky Strike cigarettes, and a note for a thousand dollars—never redeemed. Does that answer your question?

HENRY: How do we know you're really a lawyer?

GEORGE: How do I know you're Henry Reyna? What do you really mean, son? Do you think I'm a cop?

HENRY: Maybe.

GEORGE: What are you trying to hide from the cops? Murder? (*The* BOYS *react.*) All right! Aside from your parents, I've been called into this case by a citizens committee that's forming in your behalf, Henry. In spite of evidence to the contrary, there are some people out there who don't want to see you get the shaft.

HENRY: ¿Sabes qué, mister? Don't do us any favors.

GEORGE: (*Starting to leave.*) All right, you want another lawyer? I'll talk to the Public Defender's office.

JOEY: (*Grabbing his briefcase.*) Hey, wait a minute, ése. Where are you going?

TOMMY: De cincho se le va a volar la tapa.

JOEY: Nel, este bolillo no sabe nada.

GEORGE: (*Exploding.*) All right, kids, cut the crap!

SMILEY: (*Grabs his briefcase and crosses to* HENRY) Let's give him a break, Hank. (SMILEY *hands the briefcase to* GEORGE.)

GEORGE: Thank you. (HE *starts to exit. Stops.*) You know, you're making a big mistake. I wonder if you know who your friends are? You boys are about to get a mass trial. You know what that is? Well, it's a new one on me too. The Grand Jury has indicted you all on the same identical crime. Not just you four. The whole so-called 38th Street Gang. And you know who the main target is? You, Henry, because they're saying you're the ringleader. (*Looks around at the* GUYS.) And I suppose you are. But you're leading your buddies here down a dead-end street. The D.A.'s coming after you, son, and he's going to put you and your whole gang right into the gas chamber. (GEORGE *turns to leave.* SMILEY *panics.* JOEY *and* TOMMY *react with him.*)

SMILEY/JOEY/TOMMY: (*All together.*) Gas chamber! But we didn't do nothing! We're innocent!

HENRY: ¡Cálmenla! (*The batos stop in their tracks.*) Okay. Say we believe you're a lawyer, what does that prove? The press has already tried and convicted us. Think you can change that?

GEORGE: Probably not. But then, public opinion comes and goes, Henry. What matters is our system of justice. I believe it works, however slowly the wheels may grind. It could be a long uphill fight, fellas, but we can make it. I know we can. I've promised your parents the best defense I'm capable of. The question is, Henry, will you trust me?

HENRY: Why should I? You're a gringo.

GEORGE: (*Calmly, deliberately.*) ¿Cómo sabes?

TOMMY: (*Shocked.*) Hey, you speak Spanish?

GEORGE: Más o menos.

JOEY: You mean you understood us a while ago?

GEORGE: More or less.

JOEY: (*Embarrassed.*) ¡Híjole, qué gacho, ése!

GEORGE: Don't worry. I'm not much on your pachuco slang. The problem seems to be that I look like an Anglo to you. What if I were to tell you that I had Spanish blood in my veins? That my roots go back to Spain, just like yours? What if I'm an Arab? What if I'm a Jew? What difference does it make? The question is, will you let me help you? (*Pause.* HENRY *glances at the* PACHUCO.)

PACHUCO: ¡Chale!

HENRY: (*Pause.*) Okay!

SMILEY: Me too!

JOEY: Same here!

TOMMY: ¡Órale!

GEORGE: (*Eagerly.*) Okay! Let's go to work. I want to know exactly what happened right from the beginning. (GEORGE *sits down and opens his briefcase.*)

HENRY: Well, I think the pedo really started at the dance last Saturday night . . . (El PACHUCO *snaps his fingers and we hear dance music. Lights change.* GEORGE *exits.*)

7. THE SATURDAY NIGHT DANCE

SWABBIE *and* MANCHUKA *come running onstage as the barrio dance begins to take shape.* HENRY *and the batos move upstage to join other* PACHUCOS *and* PACHUCAS *coming in.* HENRY *joins* DELLA BARRIOS; JOEY *teams up with* BERTHA VILLARREAL, TOMMY *picks up* LUPE REYNA; *and* SMILEY *escorts his wife* ELENA TORRES. *They represent the* 38TH STREET *neighborhood. Also entering the dance comes the* DOWNEY GANG, *looking mean.* RUDY *stands upstage, in the background, drinking a bottle of beer.* EL PACHUCO *sings.*

PACHUCO:

> CUANDO SALGO YO A BAILAR
> YO ME PONGO MUY CATRÍN
> LAS BOLSITAS TODAS GRITAN, DADDY
> VAMOS A BAILAR EL SWING!

(*The* COUPLES *dance. A lively swing number. The music comes to a natural break and shifts into a slow number.* BERTHA *approaches* HENRY *and* DELLA *downstage on the dance foor.*)

BERTHA: Ése, ¡surote! How about a dance for old time's sake? No to hagas gacho.

HENRY: (Slow *dancing with* DELLA.) Sorry, Bertha.

BERTHA: Is this your new huisa? This little fly chick?

DELLA: Listen, Bertha . . .

HENRY: (*Stops her.*) Chale. She's just jealous. Beat it, Bertha.

BERTHA: Beat it yourself. Mira. You got no hold on me, cabrón. Not any more. I'm as free as a bird.

SMILEY: (*Coming up.*) Ése, Hank, that's the Downey Gang in the corner. You think they're looking for trouble?

HENRY: There's only a couple of them.

BERTHA: That's all we need.

SMILEY: Want me to alert the batos?

HENRY: Nel, be cool.

BERTHA: Be cool? Huy, yu, yui. Forget it, Smiley. Since he joined the Navy, this bato forgot the difference between being cool and being cool-O. (SHE *laughs and turns but* HENRY *grabs her angrily by the arm.* BERTHA *pulls free and walks away cool and tough. The music changes and the beat picks up.* EL PACHUCO *sings as the* COUPLES *dance.*)

PACHUCO:

CUANDO VOY AL VACILÓN
Y ME METO YO A UN SALÓN
LAS CHAVALAS GRITAN, PAPI VENTE
¡VAMOS A BAILAR DANZÓN!

(*The dance turns Latin. The music comes to another natural break and holds.* LUPE *approaches* HENRY *on the dance foor.*)

LUPE: Hank. Rudy's at it again. He's been drinking since we got here.

HENRY: (*Glancing over at* RUDY.) He's okay, sis, let the carnal enjoy himself.

RUDY: (*Staggering over.*) ¡Ése, carnal!

HENRY: What you say, brother?

RUDY: I'm flying high, Jackson. Feeling good.

LUPE: Rudy, if you go home drunk again, mi 'apá's going to use you for a punching bag. (RUDY *kisses her on the cheek and moves on.*)

DELLA: How are you feeling?

HENRY: Okay.

DELLA: Still thinking about Bertha?

HENRY: Chale, ¿qué traes? Listen, you want to go out to the Sleepy Lagoon? I've got something to tell you.

DELLA: What?

HENRY: Later, later.

LUPE: You better tell Rudy to stop drinking.

HENRY: Relax, sis. If he gets too drunk, I'll carry him home. (*Music picks up again.* EL PACHUCO *sings a third verse.*)

PACHUCO:

TOCAN MAMBO SABROSÓN
SE ALBOROTA EL CORAZÓN
Y CON UNA CHAVALONA VAMOS
VAMOS A BAILAR EL MAMBO

(*The* COUPLES *do the mambo. In the background,* RUDY *gets into an argument with* RAFAS, *the leader of the* DOWNEY GANG. *A fight breaks out as the music comes to a natural break.* RAFAS *pushes* RUDY, *half drunk, onto the foor.*)

RAFAS: ¡Y a ti qué to importa, puto!

RUDY: (HE *falls.*) ¡Cabrón!

HENRY: (*Reacting immediately*) Hey! (*The whole dance crowd tenses up immediately, splitting into separate camps. Batos from* 38TH *clearly outnumber the* GUYS *from* DOWNEY.)

RAFAS: He started it, ése. Él comenzó a chingar conmigo.

RUDY: You chicken shit, ése! Tú me haces la puñeta, ¡pirujo!

RAFAS: Come over here and say that, puto!

HENRY: (*Pulling* RUDY *behind him.*) ¡Agüítala, carnal! (*Faces* RAFAS.) You're a little out of your territory, ¿qué no Rafas?

RAFAS: It's a barrio dance, ése. We're from the barrio.

HENRY: You're from Downey.

RAFAS: Vale madre. ¡Downey Rifa!

DOWNEY GANG: ¡SIMÓN!

RAFAS: What are you going to do about it?

HENRY: I'm going to kick your ass. (*The* TWO SIDES *start to attack each other.*) ¡Cálmenla! (*All stop.*)

RAFAS: (*Pulls out a switchblade.*) You and how many batos?

HENRY: Just me and you, cabrón. *That's* my carnalillo you started pushing around, see? And nobody chinga con mi familia without answering to me, ése! Hank Reyna! (HE *pulls out another switchblade.*)

BERTHA: All-right!

HENRY: Let's see if you can push me around like you did my little brother, ése. Come on . . . Come on! (*They knife fight.* HENRY *moves in fast. Recoiling,* RAFAS *falls to the foor.* HENRY'*s blade is at his throat.* EL PACHUCO *snaps his fingers. Everyone freezes.*)

PACHUCO: Qué mamada, Hank. That's exactly what the play needs right now. Two more Mexicans killing each other. Watcha . . . Everybody's looking at you.

HENRY: (*Looks out at the audience.*) Don't give me that bullshit. Either I kill him or he kills me.

PACHUCO: That's exactly what they paid to see. Think about it. (EL PACHUCO *snaps again. Everybody unfreezes.*)

HENRY: (*Kicks* RAFAS.) Get out of here. ¡Píntate!

BERTHA: What?

GÜERA: (RAFAS'*girlfriend runs forward.*) Rafas. ¡Vámonos! (SHE *is stopped by other* DOWNEY *batos.*)

RAFAS: Está suave. I'll see you later.

HENRY: Whenever you want, cabrón. (*The* DOWNEY GANG *retreats, as the* 38TH *razzes them all the way out. Insults are exchanged.* BERTHA *shouts "¡Chinga to madre!" and they are gone. The* 38TH *whoops in victory.*)

SMILEY: Órale, you did it, ése! ¡Se escamaron todos!

TOMMY: We sure chased those jotos out of here.

BERTHA: I could have beat the shit out of those two rucas.

JOEY: That pinche Rafas is yellow without his gang, ése.

LUPE: So why didn't you jump out there?

JOEY: Chale, Rudy ain't my baby brother.

RUDY: (*Drunk.*) Who you calling a baby, pendejo? I'll show you who's a baby!

JOEY: Be cool, ése.

TOMMY: Man, you're lucky your brother was here.

BERTHA: Why? He didn't do nothing. The old Hank would have slit
   Rafas' belly like a fat pig.

HENRY: Shut your mouth, Bertha!

RUDY: ¿Por qué, carnal? You backed down, ése. I could have taken
   that sucker on by myself.

HENRY: That's enough, Rudy. You're drunk.

DELLA: Hank, what if Rafas comes back with all his gang?

HENRY: (*Reclaiming his leadership.*) We'll kill the sons of bitches.

JOEY: ¡Órale! ¡La 38th rifa! (*Music. Everybody gets back with furious energy.* EL PACHUCO *sings.*)

PACHUCO:

DE LOS BAILES QUE MENTÉ
Y EL BOLERO Y EL BEGUÍN
DE TODOS LOS BAILES JUNTOS
¡ME GUSTA BAILAR EL SWING! HEY!

(*The dance ends with a group exclamation: HEY!*)

8. EL DÍA DE LA RAZA

The PRESS *enters upstage level, pushing a small hand truck
piled high with newspaper bundles. The batos and rucas on the
dance floor freeze in their final dance positions.* EL PACHUCO *is
the only one who relaxes and moves.*

PRESS: October 12, 1942: Columbus Day. Four Hundred and Fifti-
   eth Anniversary of the Discovery of America. Headlines!

In their places, the COUPLES *now stand straight and recite a
headline before exiting. As they do so, the* PRESS *moves the bundles
of newspapers on the floor to outline the four corners of a jail cell.*

SMILEY/ELENA: President Roosevelt Salutes Good Neighbors in
   Latin America. (SMILEY *and* ELENA *exit.*)

TOMMY/LUPE: British Begin Drive to Oust Rommel From North Africa. (TOMMY *and* LUPE *exit.*)

RUDY/CHOLO: Japs in Death Grip on Pacific Isles. (RUDY *and* CHOLO *exit.* PRESS *tosses another bundle.*)

ZOOTER/LITTLE BLUE: Web of Zoot Crime Spreads. (ZOOTER *and* LITTLE BLUE *exit.*)

MANCHUKA/SWABBIE: U.S. Marines Land Bridgehead on Guadalcanal. (MANCHUKA *and* SWABBIE *exit.*)

JOEY/BERTHA: First Mexican Braceros Arrive in U.S.A. (JOEY *and* BERTHA *exit.*)

DELLA: Sleepy Lagoon Murder Trial Opens Tomorrow. (DELLA *and the* PRESS *exit. As they exit,* GEORGE *and* ALICE *enter upstage left.* HENRY *is center, in a "cell" outlined by four newspaper bundles left by the* PRESS.)

GEORGE: Henry? How you doing, son? Listen, I've brought somebody with me that wants very much to meet you. I thought you wouldn't mind. (ALICE *crosses to* HENRY.)

ALICE: Hello! My name is Alice Bloomfield and I'm a reporter from the *Daily People's World.*

GEORGE: And . . . And, I might add, a red hot member of the ad hoc committee that's fighting for you guys.

ALICE: Oh, George! I'd hardly call it fighting, for Pete's sake. This struggle has just barely begun. But we're sure going to win it, aren't we, Henry?

HENRY: I doubt it.

GEORGE: Oh come on, Henry. How about it, son? You all set for tomorrow? Anything you need, anything I can get for you?

HENRY: Yeah. What about the clean clothes you promised me? I can't go to court looking like this.

GEORGE: You mean they didn't give them to you?

HENRY: What?

GEORGE: Your mother dropped them off two days ago. Clean pants, shirt, socks, underwear, the works. I cleared it with the sheriff last week.

HENRY: They haven't given me nothing.

GEORGE: I'm beginning to smell something around here.

HENRY: Look, George, I don't like being like this. I ain't dirty. Go do something, man!

GEORGE: Calm down. Take it easy, son. I'll check on it right now. Oh! Uh, Alice?

ALICE: I'll be okay, George.

GEORGE: I'll be right back. (HE *exits.*)

ALICE: (*Pulling out a pad and pencil.*) Now that I have you all to myself, mind if I ask you a couple of questions?

HENRY: I got nothing to say.

ALICE: How do you know? I haven't asked you anything yet. Relax. I'm from the progressive press. Okay? (HENRY *stares at her, not quite knowing how to react.* ALICE *sits on a bundle and crosses her goodlooking legs.* HENRY *concentrates on that.*) Now. The regular press is saying the Pachuco Crime Wave is fascist inspired—any thoughts about that?

HENRY: (*Bluntly.*) No.

ALICE: What about the American Japanese? Is it true they are directing the subversive activities of the pachucos from inside the relocation camps? (HENRY *turns to the* PACHUCO *with a questioning look.*)

PACHUCO: This one's all yours, ése.

HENRY: Look, lady, I don't know what the hell you're talking about.

ALICE: I'm talking about you, Henry Reyna. And what the regular press has been saying. Are you aware you're in here just because some bigshot up in San Simeon wants to sell more papers? It's true.

HENRY: So?

ALICE: So, he's the man who started this Pachuco Crime Wave stuff. Then the police got into the act. Get the picture? Somebody is using you as a patsy.

HENRY: (*His machismo insulted.*) Who you calling a patsy?

ALICE: I'm sorry, but it's true.

HENRY: (*Backing her up.*) What makes you so goddamned smart?

ALICE: (*Starting to get scared and trying not to show it.*) I'm a reporter. It's my business to know.

PACHUCO: Puro pedo. She's just a dumb broad only good for you know what.

HENRY: Look, Miss Bloomfield, just leave me alone, all right? (HENRY *moves away.* ALICE *takes a deep breath.*)

ALICE: Look, let's back up and start all over, okay? Hello. My name is Alice Bloomfield, and I'm not a reporter. I'm just somebody that wants very much to be your friend. (*Pause. With sincere feeling.*) Can you believe that?

HENRY: Why should I?

ALICE: Because I'm with you.

HENRY: Oh, yeah? Then how come you ain't in jail with me?

ALICE: (*Holding her head up.*) We are all in jail, Henry. Some of us just don't know it.

PACHUCO: Mmm, pues. No comment. (*Pause.* HENRY *stares at her, trying to figure her out.* ALICE *tries a softer approach.*)

ALICE: Believe it or not, I was born in Los Angeles just like you. But for some strange reason I grew up here, not knowing very much about Mexicans at all. I'm just trying to learn.

HENRY: (*Intrigued, but cynical.*) What?

ALICE: Little details. Like that tattooed cross on your hand. Is that the sign of the pachuco? (HENRY *covers his right hand with and automatic reflex, then* HE *realizes what he has done.*)

HENRY: (*Smiles to himself, embarrassed.*) Órale.

ALICE: Did I embarrass you? I'm sorry. Your mother happened to mention it.

HENRY: (*Surprised.*) My mother? You talked to my jefita?

ALICE: (*With enthusiasm.*) Yes! And your father and Lupe and Rudy. The whole family gave me a helluva interview. But your mother was sensational. I especially liked her story about the midnight raid. How the police rushed into your house with drawn guns, looking for you on some trumped up charge, and how your father told them you were already in jail . . . God, I would have paid to have seen the cops' faces.

HENRY: (*Hiding his sentiment.*) Don't believe anything my jefa tells you. (*Then quickly.*) There's a lot she doesn't know. I'm no angel.

ALICE: I'll just bet you're not. But you have been taken in for suspicion a dozen times, kept in jail for a few days, then released for lack of evidence. And it's all stayed on your juvenile record.

HENRY: Yeah, well I ain't no punk, see.

ALICE: I know. You're an excellent mechanic. And you fix all the guys' cars. Well, at least you're not one of the lumpen proletariat.

HENRY: The lumpen what?

ALICE: Skip it. Let's just say you're a classic social victim.

HENRY: Bullshit.

ALICE: (*Pause. A serious question.*) Are you saying you're guilty?

HENRY: Of what?

ALICE: The Sleepy Lagoon Murder.

HENRY: What if I am?

ALICE: Are you?

HENRY: (*Pause, a serious answer.*) Chale. I've pulled a lot of shit in my time, but I didn't do that. (GEORGE *re-enters flushed and angry, trying to conceal his frustration.*)

GEORGE: Henry, I'm sorry, but dammit, something's coming off here, and the clothes have been withheld. I'll have to bring it up in court.

HENRY: In court?

GEORGE: They've left me no choice.

ALICE: What's going on?

HENRY: It's a set up, George. Another lousy set up!

GEORGE: It's just the beginning, son. Nobody said this was going to be a fair fight. Well, if they're going to fight dirty, so am I. Legally, but dirty. Trust me.

ALICE: (*Passionately*) Henry, no matter what happens in the trial, I want you to know I believe you're innocent. Remember that when you look out, and it looks like some sort of lynch mob. Some of us . . . a lot of us . . . are right there with you.

GEORGE: Okay, Alice, let's scram. I've got a million things to do. Henry, see you tomorrow under the big top, son. Good luck, son.

ALICE: Thumbs up, Henry, we're going to beat this rap! (ALICE *and* GEORGE *exit.* EL PACHUCO *watches them go, then turns to* HENRY.)

PACHUCO: "Thumbs up, Henry, we're going to beat this rap." You really think you're going to beat this one, ése?

HENRY: I don't want to think about it.

PACHUCO: You've got to think about it, Hank. Everybody's playing you for a sucker. Wake up, carnal!

HENRY: Look, bato, what the hell do you expect me to do?

PACHUCO: Hang tough. (*Grabs his scrotum.*) Stop going soft.

HENRY: Who's going soft?

PACHUCO: (*Incisively.*) You're hoping for something that isn't going to happen, ése. These paddies are leading you by the nose. Do you really believe you stand a chance?

HENRY: (*Stubborn all the more.*) Yeah. I think I got a chance.

PACHUCO: Just because that white broad says so?

HENRY: Nel, ése, just because Hank Reyna says so.

PACHUCO: The classic social victim, eh?

HENRY: (*Furious but keeping his cool.*) Mira, ése. Hank Reyna's no loser. I'm coming out of this on top. ¿Me entiendes, Mendez? (HE *walks away with a pachuco gait.*)

PACHUCO: (*Forcefully.*) Don't try to out-pachuco ME, ése! We'll see who comes out on top. (HE *picks up a bundle of newspapers and throws it upstage center. It lands with a thud.*) Let's go to court!

9. OPENING OF THE TRIAL

Music. The JUDGE's *bench, made up of more newpaper bundles piled squarely on a four-wheeled hand truck is pushed in by the batos. The* PRESS *rides it in, holding the state and federal flags. A* BAILIFF *puts in place a hand cart: the* JUDGE's *throne.*

Simultaneous with this set up, EL PACHUCO *steps downstage, accompanied by* THREE PACHUCAS *who join him singing backup.* EL PACHUCO *lights a reefer and sings:*

PACHUCO:

MARI-MARI-JUANA
MARI-MARI-JUANA BOOGIE

MARI-MARI-JUANA
MARI-MARI-JUANA BOOGIE
MARI-MARI-JUANA
THAT'S MY BABY'S NAME

(HENRY *comes downstage, into a tight spot.*)

PUT ON YOUR DRAPES, ESE BATO
MAKE THOSE CALCOS SHINE
PUT ON YOUR DRAPES, ESE BATO
MAKE THOSE CALCOS SHINE
THEY'RE HOLDING COURT ON THE CORNER
IT'S MARIJUANA BOOGIETIME!

(MUSIC *continues under, as* PACHUCO *takes a hit on the join.*)

PACHUCO: Still feeling patriotic, ése?
HENRY: (*Stubbornly.*) What do you mean? The trial hasn't even started.
PACHUCO: Let's cut the shit and get to the verdict, Hank. This is 1942. Or is it 1492?
HENRY: (*Suddenly fearful.*) You're doing this to me, bato.
PACHUCO: Something inside you craves the punishment, ése. The public humiliation. And the human sacrifice. Only there's no more pyramids, carnal. Only the gas chamber.
HENRY: (*Panicking.*) But I didn't do it, ése. I didn't kill anybody!
(HENRY'*s* FAMILY *enters with* ALICE, DELLA *and* BERTHA. *Carrying their own folding chairs, they sit to one side.*)
PACHUCO:

I'VE GOT A WOMAN NAMED JUANA
JUANA, JUANA, JUANA
BUT ALL THE MEN SHE'S MADE LOVE TO
THEY CALL HER MARI-JUANA
MARI-MARI-JUANA
THAT'S MY BABY'S NAME!

(HENRY *turns and goes upstage, where he joins the batos in line, sitting on newspaper bundles.* THE PRESS *enters.*)

PRESS: The largest mass trial in the history of Los Angeles County opens this morning in the Superior Court at ten A.M. The infamous Sleepy Lagoon Murder case involves sixty-six charges against twenty-two defendants, with seven lawyers pleading for the defense, two for the prosecution. The District Attorney estimates that over a hundred witnesses will be called and has sworn—I quote— "to put an end to Mexican baby gangsterism." End quote.

BAILIFF: (*Bangs a gavel on the bench.*) The Superior Court of the State of California. In and For the County of Los Angeles. Department forty-three. The honorable E.W. Charles, presiding. All rise! (*JUDGE CHARLES enters. All rise. EL PACHUCO squats. The* JUDGE *is played by the same actor that portrays* EDWARDS.)

JUDGE: Please be seated. (*All sit.* PACHUCO *stands.*) Call this case, bailiff.

BAILIFF: (*Reading from a sheet.*) The people of the State of California versus Henry Reyna, Ismael Torres, Thomas Roberts, Jose Castro and eighteen other . . . (*Slight hesitation.*) . . . Pa-coo-cos.

JUDGE: Is Counsel for the Defense present?

GEORGE: (*Rises.*) Yes, Your Honor.

JUDGE: Please proceed. (*Signals the* PRESS.)

PRESS: Your Honor . . .

GEORGE: (*Moving in immediately.*) If the Court please, it was reported to me on Friday that the District Attorney has absolutely forbidden the Sheriff's Office to permit these boys to have clean clothes or haircuts. Now, it's been three months since the boys were arrested . . .

PRESS: (*Jumping in.*) Your Honor, there is testimony we expect to develop that the 38th Street Gang are characterized by their style of haircuts . . .

GEORGE: Three months, Your Honor.

PRESS: . . . the thick heavy heads of hair, the ducktail comb, the pachuco pants . . .

GEORGE: Your Honor, I can only infer that the Prosecution . . . is trying to make these boys look disreputable, like mobsters.

PRESS: Their appearance is distinctive, Your Honor. Essential to the case.

GEORGE: You are trying to exploit the fact that these boys look foreign in appearance! Yet clothes like these are being worn by kids all over America.

PRESS: Your Honor . . .

JUDGE: (*Bangs the gavel.*) I don't believe we will have any difficulty if their clothing becomes dirty.

GEORGE: What about the haircuts, Your Honor?

JUDGE: (*Ruling.*) The zoot haircuts will be retained throughout the trial for purposes of identification of defendants by witnesses.

PACHUCO: You hear that one, ése? Listen to it again. (*Snaps. JUDGE repeats automatically.*)

JUDGE: The zoot haircuts will be retained throughout the trial for purposes of identification of defendants by witnesses.

PACHUCO: He wants to be sure we know who you are.

JUDGE: It has been brought to my attention the Jury is having trouble telling one boy from another, so I am going to rule the defendants stand each time their names are mentioned.

GEORGE: I object. If the Prosecution makes an accusation, it will mean self-incrimination.

JUDGE: (*Pause.*) Not necessarily. (*To* PRESS.) Please proceed.

GEORGE: (*Still trying to set the stage.*) Then if the Court please, might I request that my clients be allowed to sit with me during the trial so that I might consult with them?

JUDGE: Request denied.

GEORGE: May I inquire of Your Honor, if the defendant Thomas Robert might rise from his seat and walk over to counsel table so as to consult with me during the trial?

JUDGE: I certainly will not permit it.

GEORGE: You will not?

JUDGE: No. This is a small courtroom, Mr. Shearer. We can't have twenty-two defendants all over the place.

GEORGE: Then I object. On the grounds that that is a denial of the rights guaranteed all defendants by both the Federal and State constitutions.

JUDGE: Well, that is your opinion. (*Gavel.*) Call your first witness.

PRESS: The prosecution calls Lieutenant Sam Edwards of the Los Angeles Police Department.

PACHUCO: (*Snaps. Does double take on* JUDGE.) You know what. We've already heard from that bato. Let's get on with the defense. (*Snaps.* PRESS *sits.* GEORGE *stands.*)

GEORGE: The defense calls Adela Barrios.

BAILIFF: (*Calling out.*) Adeela Barreeos to the stand. (DELLA BARRIOS *comes forth out of the spectators.* BERTHA *leans forward.*)

BERTHA: (*Among the spectators.*) Don't tell 'em nothing. (*The* BAILIFF *swears in* DELLA *silently.*)

PACHUCO: Look at your gang. They do look like mobsters. Se watchan bien gachos. (HENRY *looks at the batos, who are sprawled out in their places.*)

HENRY: (*Under his breath.*) Come on, Batos, sit up.

SMILEY: We're tired, Hank.

JOEY: My butt is sore.

TOMMY: Yeah, look at the soft chairs the jury's got.

HENRY: What did you expect? They're trying to make us look bad. Come on! Straighten up.

SMILEY: Simón, batos, Hank is right.

JOEY: ¡Más alba nalga!

TOMMY: Put some class on your ass.

HENRY: Sit up! (*They all sit up.*)

GEORGE: State your name please.

DELLA: Adela Barrios. (*She sits.*)

GEORGE: Miss Barrios, were you with Henry Reyna on the night of August 1, 1942?

DELLA: Yes.

JUDGE: (*To* HENRY.) Please stand. (HENRY *stands.*)

GEORGE: Please tell the court what transpired that night.

DELLA: (*Pause. Takes a breath.*) Well, after the dance that Saturday night, Henry and I drove out to the Sleepy Lagoon about eleven-thirty.

10. SLEEPY LAGOON

Music: "The Harry James theme." EL PACHUCO *creates the scene. The light changes. We see a shimmering pattern of light on the floor growing to the music. It becomes the image of the Lagoon. As the music soars to a trumpet solo,* HENRY *reaches out to* DELLA, *and she glides to her feet.*

DELLA: There was a full moon that night, and as we drove up to the Lagoon we noticed right away the place was empty . . . (*A pair of headlights silently pulls in from the black background upstage center.*) Henry parked the car on the bank of the reservoir and we relaxed. (*Headlights go off.*) It was such a warm, beautiful night, and the sky was so full of stars, we couldn't just sit in the car. So we got out, and Henry took my hand . . . (HENRY *stands and takes* DELLA's *hand.*) We went for a walk around the Lagoon. Neither of us said anything at first, so the only sounds we could hear were the crickets and the frogs . . . (*Sounds of crickets and frogs, then music faintly in the background.*) When we got to the other side of the reservoir, we began to hear music, so I asked Henry, what's that?

HENRY: Sounds like they're having a party.

DELLA: Where?

HENRY: Over at the Williams' Ranch. See the house lights.

DELLA: Who lives there?

HENRY: A couple of families. Mexicanos. I think they work on the ranch. You know, their name used to be González, but they changed it to Williams.

DELLA: Why?

HENRY: I don't know. Maybe they think it gives 'em more class. (*We hear Mexican music.*) Ay, jijo. They're probably celebrating a wedding or something.

DELLA: As soon as he said wedding, he stopped talking and we both knew why. He had something on his mind, something he was trying to tell me without sounding like a square.

HENRY: Della . . . what are you going to do if I don't come back from the war?

DELLA: That wasn't the question I was expecting, so I answered something dumb, like I don't know, what's going to keep you from coming back?

HENRY: Maybe wanting too much out of life, see? Ever since I was a kid, I've had this feeling like there's a big party going on someplace, and I'm invited, but I don't know how to get there. And I want to get there so bad, I'll even risk my life to make it. Sounds crazy, huh? (DELLA *and* HENRY *kiss. They embrace and then* HENRY *speaks haltingly.*) If I get back from the war . . . will you marry me?

DELLA: Yes! (SHE *embraces him and almost causes them to topple over.*)

HENRY: ¡Órale! You'll knock us into the Lagoon. Listen, what about your old man? He ain't going to like you marrying me.

DELLA: I know. But I don't care. I'll go to hell with you if you want me to.

HENRY: ¿Sabes qué? I'm going to give you the biggest Pachuco wedding L.A. has ever seen. (*Another pair of headlights comes in from the left.* DELLA *goes back to her narration.*)

DELLA: Just then another car pulled up to the Lagoon. It was Rafas and some drunk guys in a gang from Downey. They got out and started to bust the windows on Henry's car. Henry yelled at them, and they started cussing at us. I told Henry not to say anything, but he cussed them back!

HENRY: You stay here, Della.

DELLA: Henry, no! Don't go down there! Please don't go down there!

HENRY: Can't you hear what they're doing to my car?

DELLA: There's too many of them. They'll kill you!

HENRY: ¡Chale! (HENRY *turns and runs upstage, where he stops in a freeze.*)

DELLA: Henry! Henry ran down the back of the Lagoon and attacked the gang by himself. Rafas had about ten guys with him and they jumped on Henry like a pack of dogs. He fought them off as long as he could, then they threw him on the ground hard and kicked him until he passed out . . . (*Headlights pull off.*) After they left, I ran down to Henry and held him in my arms until he came to. And I could tell he was hurt, but the first thing he said was . . .

PACHUCO: Let's go into town and get the guys. (*Music: Glen Miller's "In the Mood."* HENRY *turns to the batos and they stand.* SMILEY, JOEY *and* TOMMY *are joined by* RUDY, BERTHA, LUPE *and* ELENA, *who enter from the side. They turn downstage in a body and freeze.*)

DELLA: It took us about an hour to go into town and come back. We got to the Lagoon with about eight cars, but the Downey gang wasn't there.

JOEY: Órale, ¿pos qué pasó? Nobody here.

SMILEY: Then let's go to Downey.

THE BOYS: (*Ad lib.*) Let's go!

HENRY: ¡Chale! ¡Chale! (*Pause. They all stop.*) Ya estuvo. Everybody go home. (*A collective groan from* THE BOYS.) Go home!

DELLA: That's when we heard music coming from the Williams' Ranch again. We didn't know Rafas and his gang had been there too, causing trouble. So when Joey said . . .

JOEY: Hey, there's a party! Bertha, let's crash it.

DELLA: We all went there yelling and laughing. (*The group of batos turns upstage in a mimetic freeze.*) At the Williams' Ranch they saw us coming and thought we were the Downey Gang coming back again . . . They attacked us. (*The group now mimes a series of tableaus showing the fight.*) An old man ran out of the house with a kitchen knife and Henry had to hit him. Then a girl grabbed me by the hair and in a second everybody was fighting! People were grabbing sticks from the fence, bottles, anything! It all happened so fast, we didn't know what hit us, but Henry said let's go!

HENRY: ¡Vámonos! Let's get out of here.

DELLA: And we started to back off . . . Before we got to the cars, I saw something out of the corner of my eye . . . It was a guy. He was hitting a man on the ground with a big stick. (EL PACHUCO *mimes this action.*) Henry called to him, but he wouldn't stop. He wouldn't stop . . . He wouldn't stop . . . He wouldn't stop . . . (DELLA *in tears, holds* HENRY *in her arms. The batos and rucas start moving back to their places, quietly.*) Driving back in the car, everybody was quiet, like nothing had happened. We didn't know José Williams had died at the party that night and that the guys would be arrested the next day for murder. (HENRY *separates from her and goes back to stand in his place.* DELLA *resumes the witness stand.*)

11. THE CONCLUSION OF THE TRIAL

Lights change back to courtroom, as JUDGE CHARLES *bangs his gavel. Everyone is seated back in place.*

GEORGE: Your witness.
PRESS: (*Springing to the attack.*) You say Henry Reyna hit the man with his fist. (*Indicates* HENRY *standing.*) Is this the Henry Reyna?
DELLA: Yes. I mean, no. He's Henry, but he didn't . . .
PRESS: Please be seated. (HENRY *sits.*) Now, after Henry Reyna hit the old man with his closed fist, is that when he pulled the knife?
DELLA: The old man had the knife.
PRESS: So Henry pulled one out, too?
GEORGE: (*Rises.*) Your Honor, I object to counsel leading the witness.
PRESS: I am not leading the witness.
GEORGE: You are.
PRESS: I certainly am not.
GEORGE: Yes, you are.
JUDGE: I would suggest, Mr. Shearer, that you look up during the noon hour just what a leading question is?
GEORGE: If the Court please, I am going to assign that remark of Your Honor as misconduct.
JUDGE: (*To* PRESS.) Proceed. (GEORGE *crosses back to his chair.*)
PRESS: Where was Smiley Torres during all this? Is it not true that Smiley Torres grabbed a woman by the hair and kicked her to the ground? Will Smiley Torres please stand? (SMILEY *stands.*) Is this the man?
DELLA: Yes, it's Smiley, but he . . .

PRESS: Please be seated. (SMILEY *sits*. PRESS *picks up a two-by-four*.) Wasn't José Castro carrying a club of some kind?

GEORGE: (*On his feet again.*) Your Honor, I object! No such club was ever found. The Prosecution is implying that this two-by-four is associated with my client in some way.

PRESS: I'm not implying anything, Your Honor, I'm merely using this stick as an illustration.

JUDGE: Objection overruled.

PRESS: Will José Castro please stand? (JOEY *stands.*) Is this man who was carrying a club? (DELLA *refuses to answer.*) Answer the question please.

DELLA: I refuse.

PRESS: You are under oath. You can't refuse.

JUDGE: Answer the question, young lady.

DELLA: I refuse.

PRESS: Is this the man you saw hitting another man with a twoby-four? Your Honor . . .

JUDGE: I order you to answer the question.

GEORGE: Your Honor, I object. The witness is obviously afraid her testimony will be manipulated by the Prosecution.

PRESS: May I remind the court that we have a signed confession from one José Castro taken while in jail . . .

GEORGE: I object. Those were not confessions! Those are statements. They are false and untrue, Your Honor, obtained through beatings and coercion of the defendants by the police!

JUDGE: I believe the technical term is admissions, Mr. Prosecutor. Objection sustained. (*Applause from spectators.*) At the next outburst, I will clear this courtroom. Go on, Mr. Prosecutor.

PRESS: Sit down please. (JOEY *sits*. GEORGE goes *back to his seat.*) Is Henry Reyna the leader of the 38TH Street Gang? (HENRY *stands.*)

DELLA: Not in the sense that you mean.

PRESS: Did Henry Reyna, pachuco ringleader of the 38th Street Gang, willfully murder José Williams?

DELLA: No. They attacked us first.

PRESS: I didn't ask for your comment.

DELLA: But they did, they thought we were the Downey Gang.

PRESS: Just answer my questions.

DELLA: We were just defending ourselves so we could get out of there.

PRESS: Your Honor, will you instruct the witness to be cooperative?

JUDGE: I must caution you, young lady, answer the questions or I'll
   hold you in contempt.

PRESS: Was this the Henry Reyna who was carrying a three-foot
   lead pipe?

GEORGE: I object!

JUDGE: Overruled.

DELLA: No.

PRESS: Was it a two-foot lead pipe?

GEORGE: Objection!

JUDGE: Overruled.

DELLA: No!

PRESS: Did he kick a women to the ground?

DELLA: No, he was hurt from the beating.

PRESS: Sit down. (HENRY *sits.*) Did Tommy Roberts rip stakes
   from a fence and hit a man on the ground?

GEORGE: Objection!

JUDGE: Overruled.

DELLA: I never saw him do anything.

PRESS: Did Joey Castro have a gun?

GEORGE: Objection!

JUDGE: Overruled. (JOEY *stands.*)

PRESS: Sit down. (JOEY *sits.*) Did Henry Reyna have a blackjack
   in his hand? (HENRY *stands.*)

DELLA: No.

PRESS: A switchblade knife?

DELLA: No.

PRESS: A two-by-four?

DELLA: No.

PRESS: Did he run over to José Williams, hit him on the head and
   kill him?

DELLA: He could barely walk, how could he run to any place?

PRESS: (*Moving in for the kill.*) Did Smiley Torres? (*The batos stand and sit as their names are mentioned.*) Did Joey Castro? Did Tommy Roberts? Did Henry Reyna? Did Smiley Torres? Did Henry Reyna? Did Henry Reyna? Did Henry Reyna kill José Williams?!

DELLA: No, no, no!

GEORGE: (*On* HIS *feet again.*) Your Honor, I object! The Prosecution is pulling out objects from all over the place, none of which were found at Sleepy Lagoon, and none of which have been proven to be associated with my clients in any way.

JUDGE: Overruled.

GEORGE: If Your Honor please, I wish to make an assignment of misconduct!

JUDGE: We have only had one this morning. We might as well have another now.

GEORGE: You have it, Your Honor.

JUDGE: One more remark like that and I'll hold you in contempt. Quite frankly, Mr. Shearer, I am getting rather tired of your repeated useless objections.

GEORGE: I have not made useless objections.

JUDGE: I am sorry. Somebody is using ventriloquism. We have a Charlie McCarthy using Mr. Shearer's voice.

GEORGE: I am going to assign that remark of Your Honor as misconduct.

JUDGE: Fine. I would feel rather bad if you did not make an assignment of misconduct at least three times every session. (*Gavel.*) Witness is excused. (DELLA *stands.*) However, I am going to remand her to the custody of the Ventura State School for Girls for a period of one year . . .

HENRY: What?

JUDGE: . . . to be held there as a juvenile ward of the State. Bailiff?

GEORGE: If the court please . . . If the court please . . . (BAILIFF *crosses to* DELLA *and takes her off left.*)

JUDGE: Court is in recess until tomorrow morning. (JUDGE *retires.*

PRESS *exits.* HENRY *meets* GEORGE *halfway across center stage. The rest of the batos stand and stretch in the background.*)

GEORGE: Now, Henry, I want you to listen to me, please. You've got to remember he's the judge, Hank. And this is his courtroom.

HENRY: But he's making jokes, George, and we're getting screwed!

GEORGE: I know. I can't blame you for being bitter, but believe me, we'll get him.

HENRY: I thought you said we had a chance.

GEORGE: (*Passionately.*) We do! This case is going to be won on appeal.

HENRY: Appeal? You mean you already know we're going to lose?

PACHUCO: So what's new?

GEORGE: Don't you see, Henry, Judge Charles is hanging himself as we go. I've cited over a hundred separate cases of misconduct by the bench, and it's all gone into the record. Prejudicial error, denial of due process, inadmissible evidence, hearsay . . .

HENRY: ¿Sabes qué, George? Don't tell me any more. (HENRY *turns.* ALICE *and* ENRIQUE *approach him.*)

ALICE: Henry . . . ?

HENRY: (*Turns furiously*) I don't want to hear it, Alice! (HENRY *sees* ENRIQUE, *but neither father nor son can think of anything to say.* HENRY *goes back upstage.*)

ALICE: George, is there anything we can do?

GEORGE: No. He's bitter, and he has a right to be. (JUDGE CHARLES *pounds his gavel. All go back to their places and sit.*)

JUDGE: We'll now hear the Prosecution's concluding statement.

PRESS: Your Honor, ladies and gentlemen of the jury. What you have before you is a dilemma of our times. The City of Los Angeles is caught in the midst of the biggest, most terrifying crime wave in its history. A crime wave that threatens to engulf the very foundations of our civic wellbeing. We are not only dealing with the violent death of one José Williams in a drunken barrio brawl. We are dealing with a threat and danger to our children, our families, our homes. Set these pachucos free, and you shall unleash the forces of anarchy and destruction in our society. Set these pachucos free and you will turn them into heroes. Others just like them must be watching us at this very moment. What nefarious schemes can they be hatching in their twisted minds? Rape, drugs, assault, more violence? Who shall be their next innocent victim in some dark alley way, on some lonely street? You? You? Your loved ones? No! Henry Reyna and his Latin juvenile cohorts are not heroes. They are criminals, and they must be stopped. The specific details of this murder are irrelevant before the overwhelming danger of the pachuco in our midst. I ask you to find these zoot-suited gangsters guilty of murder and to put them in the gas chamber where they belong. (*The* PRESS *sits down.* GEORGE *rises and takes center stage.*)

GEORGE: Ladies and gentlemen of the jury, you have heard me object to the conduct of this trial. I have tried my best to defend what is most precious in our American society—a society now at war against the forces of racial intolerance and totalitarian injustice. The prosecution has not provided one witness that actually saw, with his own eyes, who actually murdered José Williams. These boys are not the Downey Gang, yet the evidence suggests that they were attacked because the people at the ranch thought they were. Henry Reyna and Della Barrios were victims of the same bunch. Yes, they might have been spoiling for a revenge— who wouldn't under the circumstances—but not with the intent to conspire to commit murder. So how did José Williams die? Was it an accident? Was it manslaughter? Was it murder? Perhaps we may never know. All the prosecution has been able to prove is that these boys wear long hair and zoot suits. And all the rest has been circumstantial evidence, hearsay and war hysteria. The prosecution has tried to lead you to believe that they are some kind of inhuman gangsters. Yet they are Americans. Find them guilty of anything more serious than a juvenile bout of fisticuffs, and you will condemn all American youth. Find them guilty of murder, and you will murder the spirit of racial justice in America. (GEORGE sits *down.*)

JUDGE: The jury will retire to consider its verdict. (*The* PRESS *stands and starts to exit with the* BAILIFF. EL PACHUCO *snaps. All freeze.*)

PACHUCO: Chale. Let's have it. (*Snaps again. The* PRESS *turns and comes back again.*)

JUDGE: Has the jury reached a verdict?

PRESS: We have, Your Honor.

JUDGE: How say you?

PRESS: We find the defendants guilty of murder in the first and second degrees.

JUDGE: The defendants will rise. (*The batos come to their feet.*) Henry Reyna, José Castro, Thomas Roberts, Ismael Torres, and so forth. You have been tried by a jury of your peers and found guilty of murder in the first and second degrees. The Law prescribes the capital punishment for this offense. However, in view of your youth and in consideration of your families, it is hereby the judgement of this court that you be sentenced to life imprisonment . . .

RUDY: No!

JUDGE: . . . and sent to the State Penitentiary at San Quentin. Court adjourned. (*Gavel.* JUDGE *exits.* DOLORES, ENRIQUE *and family go to* HENRY. BERTHA *crosses to* JOEY; LUPE *goes to* TOMMY. ELENA *crosses to* SMILEY. GEORGE *and* ALICE *talk.*)

DOLORES: ¡Hijo mío! ¡Hijo de mi alma! (BAILIFF *comes down with a pair of handcuffs.*)

BAILIFF: Okay, boys. (HE *puts the cuffs on* HENRY. RUDY *comes up.*)

RUDY: ¿Carnal? (HENRY *looks at the* BAILIFF, *who gives him a nod of permission to spend a moment with* RUDY. HENRY *embraces him with the cuffs on.* GEORGE *and* ALICE *approach.*)

GEORGE: Henry? I can't pretend to know how you feel, son. I just want you to know that our fight has just begun.

ALICE: We may have lost this decision, but we're going to appeal immediately. We're going to stand behind you until your name is absolutely clear. I swear it!

PACHUCO: What the hell are they going to do, ése? They just sent you
to prison for life. Once a Mexican goes in, he never comes out.

BAILIFF: Boys? (*The* BOYS *exit with the* BAILIFF. *As they go*
ENRIQUE *calls after them.*)

ENRIQUE: (*Holding back tears.*) Hijo. Be a man, hijo. (*Then to his
family.*) Vámonos . . . ¡Vámonos! (*The family leaves and* EL
PACHUCO slowly *walks to center stage.*)

PACHUCO: We're going to take a short break right now, so you can
all go out and take a leak, smoke a frajo. Ahí los watcho. (HE
exits up center and the newspaper backdrop comes down.)

ACT TWO
PROLOGUE

Lights up and EL PACHUCO *emerges from the shadows. The newspaper drop is still down. Music.*

PACHUCO:

Watchamos pachucos
los batos
the dudes
street-corner warriors who fought and moved
like unknown soldiers in wars of their own
El pueblo de Los was the battle zone
from Sleepy Lagoon to the Zoot Suit wars
when Marines and Sailors made their scores
stomping like Nazis on East L.A. . . .
pero, ¿saben qué?
That's later in the play. Let's pick it up in prison.
We'll begin this scene inside the walls of San Quintín.

1. SAN QUENTIN

A bell rings as the drop rises. HENRY, JOEY, SMILEY *and* TOMMY *enter accompanied by* GUARD.

GUARD: All right, people, lock up. (BOYS *move downstage in four directions. They step into "cells" simply marked by shadows of bars on the floor in their separate places. Newspaper handcarts rest on the floor as cots. Sound of cell doors closing. The* GUARD *paces back and forth upstage level.*)
HENRY:
San Quentin, California
March 3, 1943

Dear Family:

Coming in from the yard in the evening, we are quickly locked up in our cells. Then the clank and locking of the doors leaves one with a rather empty feeling. You are standing up to the iron door, waiting for the guard to come along and take the count, listening as his footsteps fade away in the distance. By this time there is a tense stillness that seems to crawl over the cellblock. You realize you are alone, so all alone.

PACHUCO: This all sounds rather tragic, doesn't it?

HENRY: But here comes the guard again, and he calls out your number in a loud voice . . .

GUARD: (*Calls numbers;* BOYS *call name.*) 24-545

HENRY: Reyna!

GUARD: 24-546

JOEY: Castro!

GUARD: 24-547

TOMMY: Roberts!

GUARD: 24-548

SMILEY: Torres! (GUARD *passes through dropping letters and exits up left.*)

HENRY: You jump to your feet, stooping to pick up the letter . . .

JOEY: (*Excited.*) Or perhaps several letters . . .

TOMMY: You are really excited as you take the letters from the envelope.

SMILEY: The censor has already broken the seal when he reads it.

HENRY: You make a mental observation to see if you recognize the handwriting on the envelope.

SMILEY: (*Anxious.*) It's always nice to hear from home . . .

JOEY: Or a close comrade . . .

TOMMY: Friends that you know on the outside . . .

HENRY: Or perhaps it's from a stranger. (*Pause. Spotlight at upstage center.* ALICE *walks in with casual clothes on. Her hair is in pigtails, and she wears a pair of drapes.* SHE *is cheerful.*)

2. THE LETTERS

ALICE:

Dear Boys,

Announcing the publication (mimeograph) of the *Appeal News,* your very own newsletter, to be sent to you twice a month for the purpose of keeping you reliably informed of everything-the progress of the Sleeping Lagoon Defense Committee (We have a name now) and, of course, the matter of your appeal.

> Signed,
> Your editor
> Alice Bloomfield

(*Music. "Perdido" by Duke Ellington. ALICE steps down and sits on the lip of the upstage level. The BOYS start swinging the bat, dribbling the basketball, shadow-boxing and exercising. ALICE mimes typing movements and we hear the sounds of a typewriter. Music fades. ALICE rises.*)

ALICE: The *Appeal News* Volume I, Number I.

April 7, 1943.

Boys,

You can, you must, and you will help us on the outside by what you do on the inside. Don't forget, what you do affects others. You have no control over that. When the time comes, let us be proud to show the record.

> Signed,
> Your editor

(*Music up again. The BOYS go through their activities. ALICE moves downstage center and the music fades.*)

SMILEY: (*Stepping toward her.*)

April 10, 1943

Dear Miss Bloomfield,

I have discovered from my wife that you are conducting door-to-door fundraising campaigns in Los Angeles. She doesn't want to tell you, but she feels bad about doing such a thing. It's not our custom to go around the neighborhoods asking for money.

ALICE: (*Turning toward* SMILEY.)

Dear Smiley,

Of course, I understand your feelings . . .

SMILEY: (*Adamant.*) I don't want my wife going around begging.

ALICE: It isn't begging—it's fund-raising.

SMILEY: I don't care what you call it. If that's what it's going to take, count me out.

ALICE: All right. I won't bother your wife if she really doesn't want me to. Okay? (SMILEY looks *at her and turns back to his upstage position. Music. The batos move again.* TOMMY *crosses to* ALICE. *Another fade.*)

TOMMY:

April 18, 1943

Dear Alice,

Trying to find the words and expression to thank you for your efforts in behalf of myself and the rest of the batos makes me realize what a meager vocabulary I possess . . .

ALICE:

Dear Tommy,

Your vocabulary is just fine. Better than most.

TOMMY: Most what?

ALICE: People.

TOMMY: (*Glances at* HENRY.) Uh, listen, Alice. I don't want to be treated any different than the rest of the batos, see? And don't expect me to talk to you like some square Anglo, some pinche gabacho. You just better find out what it means to be Chicano, and it better be pretty damn quick.

ALICE: Look, Tommy, I didn't . . .

TOMMY: I know what you're trying to do for us and that's reet, see? Shit. Most paddies would probably like to to see us locked up for good. I've been in jail a couple of times before, but never nothing this deep. Strange, ain't it, the trial in Los? I don't really know what happened or why. I don't give a shit what the papers said. We didn't do half the things I read about. I also know that I'm in here just because I hung around with Mexicans . . . or pachucos. Well, just remember this, Alicia . . . I grew up right alongside most of these batos, and I'm pachuco too. Simón, ésa, you better believe it! (*Music up. Movement.* TOMMY *returns to his position.* HENRY *stands.* ALICE *turns toward him, but* HE *walks over to* THE PACHUCO, *giving her his back.*)

JOEY: (*Stepping forward anxiously.*)

May 1, 1943

Dear Alice . . . Darling!

I can't help but spend my time thinking about you. How about sending us your retra—that is, your photograph? Even though Tommy would like one of Rita Hayworth—he's always chasing Mexican skirts (Ha! Ha!)—I'd prefer to see your sweet face any day.

ALICE: (*Directly to him.*)

Dear Joey,

Thank you so much. I really appreciated receiving your letter.

JOEY: That's all reet, Grandma! You mind if I call you Grandma?

ALICE: Oh, no.

JOEY: Eres una ruca de aquéllas.

ALICE: I'm a what?

JOEY: Ruca. A fine chick.

ALICE: (*Pronounces the word.*) Ruca?

JOEY: De aquéllas. (*Makes a cool gesture, palms out at hip level.*)

ALICE: (*Imitating him.*) De aquéllas.

JOEY: All reet! You got it. (*Pause.*) P.S. Did you forget the photograph?

ALICE: (SHE *hands it to him.*)

Dearest Joey,

Of course not. Here it is, attached to a copy of the *Appeal News.* I'm afraid it's not exactly a pin-up.

JOEY: (*Kissing the photo.*) Alice, honey, you're a doll! (JOEY *shows the photo to* TOMMY *then* SMILEY, *who is curious enough to come into the circle.* ALICE *looks at* HENRY, *but* HE *continues to ignore her.*)

ALICE: (*Back at center.*) The *Appeal News,* Volume I, Number III

May 5, 1943

Dear Boys,

Feeling that el Cinco de Mayo is a very appropriate day—the CIO radio program, "Our Daily Bread," is devoting the entire time this evening to a discussion of discrimination against Mexicans in general and against you guys in particular.

(*Music up. The repartee between* ALICE *and the batos is now friendly and warm. Even* SMILEY *is smiling with* ALICE. *They check out her "drapes.")*

3. THE INCORRIGIBLE PACHUCO

HENRY *stands at downstage left, looks at the group, then de cides to speak.*

HENRY:

May 17, 1943

Dear Miss Bloomfield,

I understand you're coming up to Q this weekend, and I would like to talk to you—in private. Can you arrange it? (*The batos turn away, taking a hint.*)

ALICE: (*Eagerly.*) Yes, yes, I can. What can I do for you, Henry? (HENRY *and* ALICE *step forward toward each other.* EL PACHUCO *moves in.*)

HENRY: For me? ¡Ni madre!

ALICE: (*Puzzled.*) I don't understand.

HENRY: I wanted you to be the first to know, Alice. I'm dropping out of the appeal.

ALICE: (*Unbelieving.*) You're what?

HENRY: I'm bailing out, ésa. Dropping out of the case, see?

ALICE: Henry, you can't!

HENRY: Why can't I?

ALICE: Because you'll destroy our whole case! If we don't present a united front, how can we ask the public to support us?

HENRY: That's your problem. I never asked for their support. Just count me out.

ALICE: (*Getting nervous, anxious.*) Henry, please, think about what you're saying. If you drop out, the rest of the boys will probably go with you. How can you even think of dropping out of the appeal? What about George and all the people that have contributed their time and money in the past few months? You just can't quit on them!

HENRY: Oh no? Just watch me.

ALICE: If you felt this way, why didn't you tell me before?

HENRY: Why didn't you ask me? You think you can just move in and defend anybody you feel like? When did I ever ask you to start a defense committee for me? Or a newspaper? Or a fundraising drive and all that other shit? I don't need defending, ésa. I can take care of myself.

ALICE: But what about the trial, the sentence. They gave you life imprisonment?

HENRY: It's my life!

ALICE: Henry, honestly—are you kidding me?

HENRY: You think so?

ALICE: But you've seen me coming and going. Writing to you, speaking for you, traveling up and down the state. You must have known I was doing it for you. Nothing has come before my involvement, my attachment, my passion for this case. My boys have been everything to me.

HENRY: My boys? My boys! What the hell are we—your personal property? Well, let me set you straight, lady, I ain't your boy.

ALICE: You know I never meant it that way.

HENRY: You think I haven't seen through your bullshit? Always so concerned. Come on, boys. Speak out, boys. Stand up for your people. Well, you leave my people out of this! Can't you under-stand that?

ALICE: No, I can't understand that.

HENRY: You're just using Mexicans to play politics.

ALICE: Henry, that's the worst thing anyone has ever said to me.

HENRY: Who are you going to help next—the Colored People?

ALICE: No, as a matter of fact, I've already helped the Colored People. What are you going to do next—go to the gas chamber?

HENRY: What the hell do you care?

ALICE: I don't!

HENRY: Then get the hell out of here!

ALICE: (*Furious.*) You think you're the only one who doesn't want to be bothered? You ought to try working in the Sleepy Lagoon defense office for a few months. All the haggling, the petty arguments, the lack of cooperation. I've wanted to quit a thousand times. What the hell am I doing here? They're coming at me from all sides. "You're too sentimental and emotional about this, Alice. You're too cold hearted, Alice. You're collecting money and turning it over to the lawyers, while the families are going hungry. They're saying you can't be trusted because you're a Communist, because you're a Jew." Okay! If that's the way they feel about me, then to hell with them! I hate them too. I hate their language, I hate their enchiladas, and I hate their goddamned mariachi music! (*Pause. They look at each other. HENRY smiles, then ALICE—feeling foolish—and they both break out laughing.*)

HENRY: All right! Now you sound like you mean it.

ALICE: I do.

HENRY: Okay! Now we're talking straight.

ALICE: I guess I have been sounding like some square paddy chick. But, you haven't exactly been Mister Cool yourself . . . ése.

HENRY: So, let's say we're even Steven.

ALICE: Fair enough. What now?

HENRY: Why don't we bury the hatchet, you know what I mean?

ALICE: Can I tell George you'll go on with the appeal?

HENRY: Yeah. I know there's a lot of people out there who are willing and trying to help us. People who feel that our conviction was an injustice. People like George . . . and you. Well, the next time you see them, tell them Hank Reyna sends his thanks.

ALICE: Why don't you tell them?

HENRY: You getting wise with me again?

ALICE: If you write an article—and I know you can—we'll publish it in the *People's World*. What do you say?

PACHUCO: Article! Pos who told you, you could write, ése?

HENRY: (*Laughs.*) Chale.

ALICE: I'm serious. Why don't you give it a try?

HENRY: I'll think about it. (*Pause.*) Listen, you think you and I could write each other . . . outside the newsletter?

ALICE: Sure.

HENRY: Then it's a deal. (*They shake hands.*)

ALICE: I'm glad we're going to be communicating. I think we're going to be very good friends. (ALICE *lifts her hands to* HENRY's *shoulder in a gesture of comradeship.* HENRY *follows her hand, putting his on top of hers.*)

HENRY: You think so?

ALICE: I know so.

GUARD: Time, miss.

ALICE: I gotta go. Think about the article, okay? (SHE *turns to the* BOYS.) I gotta go, boys.

JOEY: Goodbye, Grandma! Say hello to Bertha.

SMILEY: And to my wife!

TOMMY: Give my love to Lupe!

GUARD: Time!

ALICE: I've got to go. Goodbye, goodbye. (ALICE *exits, escorted by the* GUARD *upstage left. As* SHE *goes,* JOEY *calls after her.*)

JOEY: See you, Grandma.

TOMMY: (*Turning to* JOEY *and* SMILEY.) She loves me.

PACHUCO: Have you forgotten what happened at the trial? You think the Appeals Court is any different? Some paddy judge sitting in the same fat-ass judgment of your fate.

HENRY: Come on, ése, give me a break!

PACHUCO: One break, coming up! (HE *snaps his fingers. The* GUARD *blows his whistle.*)

GUARD: Rec time! (*The batos move upstage to the upper level. Music. The* BOYS *mime a game of handball against the backdrop. During the game,* GEORGE *enters at stage right and comes downstage carrying his briefcase. The* GUARD *blows a whistle and stops the game.*)

GUARD: Reyna, Castro, Roberts, Torres! You got a visitor.

4. MAJOR GEORGE

The BOYS *turn and see* GEORGE. *They come down enthusiastically.*

JOEY: ¡Óra-leh! ¡Ése, Cheer!

SMILEY: George!

GEORGE: Hi, guys! (*The* BOYS *shake his hand, pat him on the back.* HENRY *comes to him last.*) How are you all doing? You boys staying in shape?

JOEY: Ése, you're looking at the hero of the San Quentin athletic program. Right, batos? (HE *shadowboxes a little.*)

TOMMY: Ten rounds with a busted ankle.

JOEY: ¡Simón! And I won the bout, too. I'm the terror of the flyweights, ése. The killer fly!

TOMMY: They got us doing everything, Cheer. Baseball, basketball.

SMILEY: Watch repairing.

GEORGE: (*Impressed.*) Watch repairing?

SMILEY: I'm also learning to improve my English and arithmetic.

GEORGE: Warden Duffy has quite a program. I hear he's a good man?

JOEY: Simón, he's a good man. We've learned our lesson . . . Well, anyway, I've learned my lesson, boy. No more pachuquismo for me. Too many people depending on us to help out. The raza here in Los. The whole Southwest. Mexico, South America! Like you and Grandma say, this is the people's world. If you get us out of here, I figure the only thing I could do is become a union organizer. Or go into major league baseball.

GEORGE: Baseball?

JOEY: Simón, ése. You're looking at the first Mexican Babe Ruth. Or maybe, "Babe Root." Root! You get it?

TOMMY: How about "Baby Zoot"?

JOEY: Solid, Jackson.

GEORGE: Babe Zooter!

JOEY: Solid tudee, that's all reet, ése.

GEORGE: What about you, Henry? What have you been doing?

HENRY: Time, George, I've been doing time.

TOMMY: Ain't it the truth?

SMILEY: Yeah, George! When you going to spring us out of here, ése?

HENRY: How's the appeal coming?

GEORGE: (*Getting serious.*) Not bad. There's been a development I have to talk to you about. But other than that . . .

HENRY: Other than what?

SMILEY: (*Pause.*) Bad news?

GEORGE: (*Hedging.*) It all depends on how you look at it, Smiley. It really doesn't change anything. Work on the brief is going on practically day and night. The thing is, even with several lawyers on the case now, it'll still be several months before we file. I want to be honest about that.

HENRY: (*Suspiciously.*) Is that the bad news?

GEORGE: Not exactly. Sit down, boys. (*Pause. HE laughs to himself*) I really don't mean to make such a big deal out of this thing. Fact is I'm still not quite used to the idea myself. (*Pause.*) *You* see . . . I've been drafted.

JOEY: Drafted?

TOMMY: Into the Army?

SMILEY: You?

GEORGE: That's right. I'm off to war.

JOEY: But . . . you're old, Cheer.

HENRY: (*A bitter edge.*) Why you, George? Why did they pick on you?

GEORGE: Well, Henry, I wouldn't say they "picked" on me. There's lots of men my age overseas. After all, it is war time and . . .

HENRY: And you're handling our appeal.

GEORGE: (*Pause.*) We have other lawyers.

HENRY: But you're the one who knows the case!

GEORGE: (*Pause.*) I knew you were going to take this hard. Believe me, Henry, my being drafted has nothing to do with your case. It's just a coincidence.

HENRY: Like our being in here for life is a coincidence?

GEORGE: No, that's another . . .

HENRY: Like our being hounded every goddam day of our life is a coincidence?

GEORGE: Henry . . . (HENRY *turns away furiously There is a pause.*) It's useless anger, son, believe me. Actually, I'm quite flattered by your concern, but I'm hardly indispensable.

HENRY: (*Deeply disturbed.*) What the hell are you talking about, George?

GEORGE: I'm talking about all the people trying to get you out. Hundreds, perhaps thousands. Alice and I aren't the only ones. We've got a heck of a fine team of lawyers working on the brief. With or without me, the appeal will be won. I promise you that.

HENRY: It's no use, George.

GEORGE: I realize all that sounds pretty unconvincing under the circumstances, but it's true.

HENRY: Those bastard cops are never going to let us out of here. We're here for life and that's it.

GEORGE: You really believe that?

HENRY: What do you expect me to believe?

GEORGE: I wish I could answer that, son, but that's really for you to say.

GUARD: Time, counselor.

GEORGE: Coming. (*Turns to the other* BOYS.) Listen, boys, I don't know where in the world I'll be the day your appeal is won—and it will be won—whether it's in the Pacific somewhere or in Europe or in a hole in the ground . . . Take care of yourselves.

TOMMY: See you around, George.

SMILEY: So long, George.

JOEY: 'Bye, Cheer.

GEORGE: Yeah. See you around. (*Pause.*) Goodbye, Henry. Good luck and God bless you.

HENRY: God bless you, too, George. Take care of yourself.

TOMMY: Say, George, when you come back from the war, we're going to take you outa town and blast some weed.

JOEY: We'll get you a pair of buns you can hold in your hands!

GEORGE: I may just take you up on that. (*The* GUARD *escorts* GEORGE *out, then turns back to the* BOYS.)

GUARD: All right, new work assignments. Everybody report to the jute mill. Let's go. (SMILEY, JOEY and TOMMY *start to exit.* HENRY *hangs back.*) What's the matter with you, Reyna? You got lead in your pants? I said let's go.

HENRY: We're supposed to work in the mess hall.

GUARD: You got a new assignment.

HENRY: Since when?

GUARD: Since right now. Get going!

HENRY: (*Hanging back.*) The warden know about this?

GUARD: What the hell do you care? You think you're something special? Come on, greaseball. Move!

HENRY: Make me, you bastard!

GUARD: Oh yeah. (*The* GUARD *pushes* HENRY. HENRY *pushes back. The batos react, as the* GUARD *traps* HENRY *with his club around the chest. The* BOYS *move to* HENRY'*s defense.*) Back!

HENRY: (*To the batos.*) Back off! BACK OFF! Don't be stupid.

GUARD: Okay, Reyna, you got solitary! Bastard, huh? Into the hole! (HE *pushes* HENRY *onto center stage. Lights down. A single spot.*) Line, greaseballs. Move out! (*As they march.*) Quickly, quickly. You're too slow. Move, move, move. (*The* BOYS *exit with the* GUARD.)

5. SOLITARY

A lone saxophone sets the mood.

PACHUCO: Too bad, ése. He set you up again.

HENRY: (*Long pause.* HE *looks around.*) Solitary, ése . . . they gave me solitary. (HE *sits down on the floor, a forlorn figure.*)

PACHUCO: Better get used to it, carnal. That's what this stretch is going to be about, see? You're in here for life, bato.

HENRY: I can't accept it, ése.

PACHUCO:
You've got to, Hank . . .
only this reality is real now,
only this place is real,
sitting in the lonely cell of your will . . .

HENRY: I can't see my hands.

PACHUCO:

> Then tell your eyes to forget the light, ése
> Only the hard floor is there, carnal
> Only the cold hard edge of this reality
> and there is no time . . .
> Each second is a raw drop of blood from your brain
> that you must swallow
> drop by drop
> and don't even start counting
> or you'll lose your mind . . .

HENRY: I've got to know why I'm here, ése! I've got to have a reason for being here.

PACHUCO: You're here, Hank, because you chose to be—because you protected your brother and your family. And nobody knows the worth of that effort better than you, ése.

HENRY: I miss them, ése . . . my jefitos, my carnalillo, my sis . . . I miss Della.

PACHUCO: (*A spot illuminates* HENRY*'s family standing upstage;* EL PACHUCO *snaps it off.*)

> Forget them!
> Forget them all.
> Forget your family and the barrio
> beyond the wall.

HENRY: There's still a chance I'll get out.

PACHUCO: Fat chance.

HENRY: I'm talking about the appeal!

PACHUCO: And I'm talking about what's real! ¿Qué traes, Hank? Haven't you learned yet?

HENRY: Learned what?

PACHUCO:

> Not to expect justice when it isn't there.
> No court in the land's going to set you free.
> Learn to protect your loves by binding them
> in hate, ése! Stop hanging on to false hopes.
> The moment those hopes come crashing down,

you'll find yourself on the ground foaming at
the mouth. ¡Como loco!

HENRY: (*Turning on him furiously.*) ¿Sabes qué? Don't tell me any
more. I don't need you to tell me what to do. Fuck off! FUCK OFF!
(HENRY *turns away from* EL PACHUCO. *Long pause. An anxious, intense moment.* EL PACHUCO *shifts gears and breaks the
tension with a satirical twist.* HE *throws his arms out and laughs.*)

PACHUCO:
   ¡Órale pues!
   Don't take the pinche play so seriously, Jesús!
   ¡Es puro vacilón!
   Watcha.

(HE *snaps his fingers. Lights change. We hear the sounds of the city.*)
   This is Los, carnal.
   You want to see some justice for pachucos?
   Check out what's happening back home today.
   The Navy has landed, ése—
   on leave with full pay
   and war's breaking out in the streets of L.A.!

6. ZOOT SUIT RIOTS

*We hear music: the bugle call from "Bugle Call Rag." Suddenly
the stage is awash in colored lights. The city of Los Angeles appears
in the background in a panoramic vista of lights tapering into the
night horizon.* SAILORS *and* GIRLS *jitterbug on the dance floor. It
is the Avalon Ballroom. The music is hot, the dancing hotter.* EL
PACHUCO *and* HENRY *stand to the side.*

   *The scene is in dance and mostly pantomime. Occasionally
words are heard over the music which is quite loud. On the floor are
two* SAILORS (SWABBIE *is one.*) *and a* MARINE *dancing with the*
GIRLS. *A* SHORE PATROLMAN *speaks to the* CIGARETTE
GIRL. *A* PIMP *comes on and watches the action.* LITTLE BLUE
and ZOOTER *are also on the floor.* RUDY *enters wearing*
HENRY'*s zoot suit with* BERTHA *and* LUPE. LUPE *takes their picture, then all three move up center to the rear of the ballroom.*

CHOLO *comes in down center, sees them and moves up stage. All four make an entrance onto the dance floor.*

The MARINE *takes his girl aside after paying her.* SHE *passes the money to the* PIMP. *The* SAILORS *try to pick up on* LUPE *and* BERTHA, *and* CHOLO *pushes one back. The* SAILORS *complain to the* SHORE PATROL, *who throws* CHOLO *out the door down center. There is an argument that* RUDY *joins. The* SAILORS *go back to* BERTHA *and* LUPE *who resist.* CHOLO *and* RUDY *go to their defense and a fight develops.* ZOOTER *and* LITTLE BLUE *split.* CHOLO *takes the* GIRLS *out and* RUDY *pulls a knife. He is facing the three* SAILORS *and the* MARINE, *when* EL PACHUCO *freezes the action.*

PACHUCO: (*Forcefully.*) Órale, that's enough! (EL PACHUCO *takes* RUDY*'s knife and with a tap sends him off-stage.* RUDY *exits with the* GIRLS. EL PACHUCO *is now facing the angry* SERVICEMEN. *He snaps his fingers. The* PRESS *enters quickly to the beeping sound of a radio broadcast.*)

PRESS: Good evening, Mr. and Mrs. North and South America and all the ships at sea. Let's go to press. FLASH. Los Angeles, California, June 3, 1943. Serious rioting broke out here today as flying squadrons of Marines and soldiers joined the Navy in a new assault on zooter-infested districts. A fleet of twenty taxicabs carrying some two hundred servicemen pulled out of the Naval Armory in Chavez Ravine tonight and assembled a task force that invaded the eastside barrio. (*Unfreeze. The following speeches happen simultaneously.*)

MATE: You got any balls in them funny pants, boy?

SAILOR: He thinks he's tough . . .

SWABBIE: How about it, lardhead? You a tough guy or just a draft dodger?

PRESS: The Zoot Suiters, those gamin' dandies . . .

PACHUCO: (*Cutting them off.*) Why don't you tell them what I really am, ése, or how you've been forbidden to use the very word . . .

PRESS: We are complying in the interest of the war.

PACHUCO: How have you complied?

PRESS: We're using other terms.

PACHUCO: Like "pachuco" and "zoot suiter?"

PRESS: What's wrong with that? The Zoot Suit Crime Wave is even beginning to push the war news off the front page.

PACHUCO:

The Press distorted the very meaning of the word "zoot suit."

All it is for you guys is another way to say Mexican.

But the ideal of the original chuco

was to look like a diamond

to look sharp

hip

bonaroo

finding a style of urban survival

in the rural skirts and outskirts

of the brown metropolis of Los, cabrón.

PRESS: It's an afront to good taste.

PACHUCO: Like the Mexicans, Filipinos and blacks who wear them.

PRESS: Yes!

PACHUCO: Even the white kids and the Wops and the Jews are putting on the drape shape.

PRESS: You are trying to outdo the white man in exaggerated white man's clothes!

PACHUCO:

Because everybody knows

that Mexicans, Filipinos and Blacks

belong to the huarache

the straw

hat and the dirty overall.

PRESS: You savages weren't even wearing clothes when the white man pulled you out of the jungle.

MARINE: My parents are going without collars and cuffs so you can wear that shit.

PRESS: That's going too far, too goddamned far and it's got to be stopped!

PACHUCO: Why?

PRESS: Don't you know there's a war on? Don't you fucking well know you can't get away with that shit? What are we fighting for if not to annihilate the enemies of the American way of life?

MATE: Let's tear it off his back!

SAILORS / MARINE: Let's strip him! Get him! (*Etc.*)

PRESS: KILL THE PACHUCO BASTARD!! (*Music: "American Patrol" by Glenn Miller. The* PRESS *gets a searchlight from upstage center while the* FOUR SERVICEMEN *stalk* EL PACHUCO.)

SAILOR: Heh, zooter. Come on, zooter!

SWABBIE: You think you're more important than the war, zooter?

MATE: Let's see if you got any balls in them funny pants, boy.

SWABBIE: Watch out for the knife.

SAILOR: That's a real chango monkey suit he's got on.

MATE: I bet he's half monkey just like the Filipinos and Niggers that wear them.

SWABBIE: You trying to outdo the white man in them glad rags, Mex? (*They fight now to the finish.* EL PACHUCO *is overpowered and stripped as* HENRY *watches helplessly from his position. The* PRESS *and* SERVICEMEN *exit with pieces of* EL PACHUCO*'s zoot suit.* EL PACHUCO *stands. The only item of clothing on his body is a small loincloth.* HE *turns and looks at* HENRY, *with mystic intensity.* HE *opens his arms as an Aztec conch blows, and* HE *slowly exits backward with powerful calm into the shadows. Silence.* HENRY *comes downstage.* HE *absorbs the impact of what* HE *has seen and falls to his knees at center stage, spent and exhausted. Lights down.*)

7. ALICE

The GUARD *and* ALICE *enter from opposite sides of the stage. The* GUARD *carries a handful of letters and is reading one of them.*

GUARD: July 2, 1943.

ALICE:

Dear Henry,

I hope this letter finds you in good health and good spirits—but I have to assume you've heard about the riots in Los Angeles. It was a nightmare, and it lasted for a week. The city is still in a state of shock.

GUARD: (*Folds the letter back into the envelope, then opens another.*) August 5, 1943.

ALICE:

Dear Henry,

The riots here in L.A. have touched off race riots all over the country—Chicago, Detroit, even little Beaumont, Texas, for Christ's sake. But the one in Harlem was the worst. Millions of dollars worth of property damage. 500 people were hospitalized, and five Negroes were killed.

GUARD: Things are rough all over.

ALICE: Please write to me and tell me how you feel.

GUARD: (*The* GUARD *folds up the second letter, stuffs it back into its envelope and opens a third.*) August 20, 1943.

ALICE:

Dear Henry,

Although I am disappointed not to have heard from you, I thought I would send you some good news for a change. Did you know we had a gala fundraiser at the Mocambo?

GUARD: The Mocambo . . . Hotcha!

ALICE: . . . and Rita Hayworth lent your sister Lupe a ball gown for the occasion. She got dressed at Cecil B. DeMille's house, and she looked terrific. Her escort was Anthony Quinn, and Orson Welles said . . .

GUARD: Orson Welles! Well! Sounds like Louella Parsons. (HE *folds up the letter.*) September 1, 1943.

ALICE: Henry, why aren't you answering my letters?

GUARD: He's busy. (HE *continues to stuff the envelope.*)

ALICE: Henry, if there's something I've said or done . . . (*The* GUARD *shuffles the envelopes.*) Henry . . . (*Lights change.* GUARD *crosses to center stage, where* HENRY *is still doubled up on the floor.*)

GUARD: Welcome back to the living, Reyna. It's been a long hot summer. Here's your mail. (*The* GUARD *tosses the letters to the floor directly in front of* HENRY's *head.* HENRY *looks up slow-*

ly and grabs one of the letters. HE *opens it, trying to focus. The* GUARD *exits.*)

ALICE: Henry, I just found out you did ninety days in solitary. I'm furious at the rest of the guys for keeping it from me. I talked to Warden Duffy, and he said you struck a guard. Did something happen I should know about? I wouldn't ask if it wasn't so important, but a clean record . . . (HENRY *rips up the letter he has been reading and scatters the others. Alarmed.*) Henry? (HENRY *pauses, his instant fury spent and under control.* HE *sounds almost weary, but the anger is still there.*)

HENRY: You still don't understand, Alice.

ALICE: (*Softly, compassionate.*) But I do! I'm not accusing you of anything. I don't care what happened or why they sent you there. I'm sure you had your reasons. But you know the public is watching you.

HENRY: (*Frustrated, a deep question.*) Why do you do this, Alice?

ALICE: What?

HENRY: The appeal, the case, all the shit you do. You think the public gives a goddamn?

ALICE: (*With conviction.*) Yes! We are going to get you out of here, Henry Reyna. We are going to win!

HENRY: (*Probing.*) What if we lose?

ALICE: (*Surprised but moving on.*) We're not going to lose.

HENRY: (*Forcefully, insistent, meaning more than* HE *is saying.*) What if we do? What if we get another crooked judge, and he nixes the appeal?

ALICE: Then we'll appeal again. We'll take it to the Supreme *Court.* (*A forced laugh.*) Hell, we'll take it all the way to President Roosevelt!

HENRY: (*Backing her up—emotionally*) What if we still lose?

ALICE: (*Bracing herself against his aggression.*) We can't.

HENRY: Why can't we?

ALICE: (*Giving a political response in spite of herself.*) Because we've got too much support. You should see the kinds of people responding to us. Unions, Mexicans, Negroes, Oakies. It's fantastic.

HENRY: (*Driving harder.*) Why can't we lose, Alice?

ALICE: I'm telling you.

HENRY: No, you're not.

ALICE: (*Starting to feel vulnerable.*) I don't know what to tell you.

HENRY: Yes, you do!

ALICE: (*Frightened.*) Henry . . . ?

HENRY: Tell me why we can't lose, Alice!

ALICE: (*Forced to fight back, with characteristic passion.*) Stop it, Henry! Please stop it! I won't have you treat me this way. I never have been able to accept one person pushing another around . . . pushing me around! Can't you see that's why I'm here? Because I can't stand it happening to you. Because I'm a Jew, goddammit! I have been there . . . I have been there! If you lose, I lose. (*Pause. The emotional tension is immense.* ALICE *fights to hold back tears.* SHE *turns away.*)

HENRY: I'm sorry . . .

ALICE: (*Pause.*) It's stupid for us to fight like this. I look forward to coming here for weeks. Just to talk to you, to be with you, to see your eyes.

HENRY: (*Pause.*) I thought a lot about you when I was in the hole. Sometimes . . . sometimes I'd even see you walk in, in the dark, and talk to me. Just like you are right now. Same look, same smile, same perfume . . . (HE *pauses.*) Only the other one never gave me so much lip. She just listened. She did say one thing. She said . . .

ALICE: (*Trying to make light of it. Then more gently.*) I can't say that to you, Henry. Not the way you want it.

HENRY: Why not?

ALICE: (SHE *means it.*) Because I can't allow myself to be used to fill in for all the love you've always felt and always received from all your women.

HENRY: (*With no self-pity.*) Give it a chance, Alice.

ALICE: (*Beside herself.*) Give it a chance? You crazy idiot. If I thought making love to you would solve all your problems, I'd do it in a second. Don't you know that? But it won't. It'll only complicate things. I'm trying to help you, goddammit. And to do that, I have to be your friend, not your white woman.

HENRY: (*Getting angry.*) What makes you think I want to go to bed with you. Because you're white? I've had more white pieces of ass than you can count, ¿sabes? Who do you think you are? God's gift to us brown animals.

ALICE: (ALICE *slaps him and stops, horrified. A whirlpool of emotions.*) Oh, Hank. All the love and hate it's taken to get us together in this lousy prison room. Do you realize only Hitler and the Second World War could have accomplished that? I don't know whether to laugh or cry. (ALICE *folds into her emotional spin, her body shaking. Suddenly she turns, whipping herself out* of *it with a cry, both laughing and weeping. They come to each other and embrace. Then they kiss—passionately. The* GUARD *enters.* HE *frowns.*)

GUARD: Time, miss.

ALICE: (*Turning.*) Already? Oh, my God, Henry, there's so many messages I was going to give you. Your mother and father send their love, of course. And Lupe and . . . Della. And . . . oh, yes. They want you to know Rudy's in the Marines.

HENRY: The Marines?

ALICE: I'll write you all about it. Will you write me?

HENRY: (A *glance at the* GUARD.) Yes.

GUARD: (*His tone getting harsher.*) Let's go, lady.

HENRY: Goodbye, Licha.

ALICE: I'll see you on the outside . . . Hank. (ALICE *gives* HENRY *a thumb up gesture, and the* GUARD *escorts her out.* HENRY *turns downstage, full of thoughts.* HE *addresses* EL PACHUCO, *who is nowhere to be seen.*)

HENRY: You were wrong, ése . . . There's is something to hope for. I know now we're going to win the appeal. Do you hear me, ése? Ése! (*Pause.*) Are you even there any more? (*The* GUARD *re-enters at a clip.*)

GUARD: Okay, Reyna, come on.

HENRY: Where to?

GUARD: We're letting you go . . . (HENRY *looks at him incredulously.*
The GUARD *smiles.*) . . . to Folsom Prison with all the rest of the
hardcore cons. You really didn't expect to walk out of here a free
man, did you? Listen, kid, your appeal stands about as much
chance as the Japs and Krauts of winning the war. Personally, I
don't see what that broad sees in you. I wouldn't give you the sweat
off my balls. Come on! (HENRY *and the* GUARD *turn upstage to
leave. Lights change.* EL PACHUCO *appears halfway up the backdrop, fully dressed again and clearly visible.* HENRY *stops with a
jolt as* HE *sees him.* EL PACHUCO *lifts his arms. Lights go down
as we hear the high sound of a bomb falling to earth.*)

8. THE WINNING OF THE WAR

*The aerial bomb explodes with a reverberating sound and a white
flash that illuminates the form of pachuco images in the black backdrop. Other bombs fall and all hell breaks loose. Red flashes, artillery,
gunfire, ack-ack.* HENRY *and the* GUARD *exit. The* FOUR SER-
VICEMEN *enter as an honor guard. Music: Glen Miller's "Saint
Louis Blues March." As the* SERVICEMEN *march on we see* RUDY
down left in his marine uniform, belt undone. ENRIQUE, DOLORES
and LUPE *join him.* DOLORES *has his hat,* LUPE *her camera.*
ENRIQUE *fastens two buttons on the uniform as* RUDY *does up his
belt.* DOLORES *inspects his collar and gives him his hat.* RUDY *puts
on his hat and all pose for* LUPE. *She snaps the picture and* RUDY
kisses them all and is off. HE *picks up the giant switchblade from
behind a newspaper bundle and joins the* SERVICEMEN *as they
march down in drill formation. The family marches off, looking back
sadly. The drill ends and* RUDY *and the* SHORE PATROL *move to
one side. As* RUDY*'s interrogation goes on,* PEOPLE *in the barrio
come on with newspapers to mime daily tasks. The* PRESS *enters.*

PRESS: The *Los Angeles Examiner,* July 1, 1943. Headline:
WORLD WAR II REACHES TURNING POINT If the late
summer of 1942 was the low point, a year later the war for the
Allies is pounding its way to certain victory.
SHORE PATROL: July 10!

RUDY: U.S., British and Canadian troops invade Sicily, sir!

SHORE PATROL: August 6!

RUDY: U.S. troops occupy Solomon Island, sir!

SHORE PATROL: September 5!

RUDY: MacArthur's forces land on New Guinea, sir!

SHORE PATROL: October 1!

RUDY: U.S. Fifth Army enters Naples, sir!

PRESS: On and on it goes. From Corsica to Kiev, from Tarawa to Anzio. The relentless advance of the Allied armies cannot be checked. (*One by one,* HENRY'*s family and friends enter, carrying newspapers. They tear the papers into small pieces.*) The *Los Angeles Times,* June 6, 1944. Headline: Allied forces under General Eisenhower land in Normandy.

SHORE PATROL: August 19!

RUDY: American First Army reaches Germany, sir!

SHORE PATROL: October 17!

RUDY: MacArthur returns to the Philippines, sir!

PRESS: On the homefront, Americans go on with their daily lives with growing confidence and relief, as the war pushes on toward inevitable triumph. (*Pause.*) The *Los Angeles Daily News,* Wednesday, November 8, 1944. Headline: District Court of Appeals decides in Sleepy Lagoon murder case . . . boys in pachuco murder given . . .

PEOPLE: FREEDOM!!! (*Music bursts forth as the joyous crowd tosses the shredded newspaper into the air like confetti. The* BOYS *enter upstage center, and the crowd rushes to them, weeping and cheering. There are kisses and hugs and tears of joy.* HENRY *is swept forward by the triumphal procession.*)

9. RETURN TO THE BARRIO

The music builds and people start dancing. Others just embrace. The tune is "Soldado Razo" played to a lively corrido beat. It ends with joyous applause, laughter and tears.

RUDY: ¡Ese carnal!

HENRY: Rudy!!

DOLORES: ¡Bendito sea Dios! Who would believe this day would ever come? Look at you—you're all home!

LUPE: I still can't believe it. We won! We won the appeal! (*Cheers.*)

ENRIQUE: I haven't felt like this since Villa took Zacatecas. (*Laughter, cheers.*) ¡Pero, mira! Look who's here. Mis hijos. (*Puts his arm around* HENRY *and* RUDY.) It isn't every day a man has two grown sons come home from so far away—one from the war, the other from . . . bueno, who cares? The Sleepy Lagoon is history, hombre. For a change, los Mexicanos have won! (*Cheers.*)

GEORGE: Well, Henry. I don't want to say I told you so, but we sure taught Judge Charles a lesson in misconduct, didn't we? (*More cheers.*) Do you realize this is the greatest victory the Mexican-American community has ever had in the history of this whole blasted country?

DOLORES: Yes, but if it wasn't for the unselfish thoughtfulness of people like you and this beautiful lady—and all the people who helped out, Mexicanos, Negros, all Americanos—our boys would not be home today.

GEORGE: I only hope you boys realize how important you are now.

JOEY: Pos, I realize it, ése. (*Laughter.*)

RUDY: I came all the way from Hawaii just to get here, carnal. I only got a few days, but I'm going to get you drunk.

HENRY: Pos, we'll see who gets who drunk, ése. (*Laughter and hoots.* HENRY *spots* EL PACHUCO *entering from stage right.*)

DOLORES: Jorge, Licha, todos. Let's go into the house, eh? I've made a big pot of menudo, and it's for everybody.

ENRIQUE: There's ice-cold beer too. Vénganse, vamos todos.

GEORGE: (*To* ALICE.) Alice . . . Menudo, that's Mexican chicken soup? (*Everybody exits, leaving* HENRY *behind with* EL PACHUCO.)

HENRY: It's good to see you again, ése. I thought I'd lost you.

PACHUCO: H'm pues, it'd take more than the U.S. Navy to wipe me out.

HENRY: Where you been?

PACHUCO: Pos, here in the barrio. Welcome back.

HENRY: It's good to be home.

PACHUCO: No hard feelings?

HENRY: Chale—we won, didn't we?

PACHUCO: Simón.

HENRY: Me and the batos have been in a lot of fights together, ése.
But we won this one, because we learned to fight in a new way.

PACHUCO: And that's the perfect way to end of this play—happy
ending y todo. (PACHUCO *makes a sweeping gesture. Lights
come down.* HE *looks up at the lights, realizing something is
wrong.* HE *flicks his wrist, and the lights go back up again.*)
But life ain't that way, Hank.
The barrio's still out there, waiting and wanting.
The cops are still tracking us down like dogs.
The gangs are still killing each other,
Families are barely surviving,
And there in your own backyard . . . life goes on.
(*Soft music.* DELLA *enters.*)

DELLA: Hank? (HENRY *goes to her and they embrace.*)

HENRY: Where were you? Why didn't you come to the Hall of Justice to see us get out?

DELLA: I guess I was a little afraid things had changed. So much
has happened to both of us.

PACHUCO: Simón. She's living in your house.

DELLA: After I got back from Ventura, my parents gave me a
choice. Forget about you or get out.

HENRY: Why didn't you write to me?

DELLA: You had your own problems. Your jefitos took care of me.
Hey, you know what, Hank, I think they expect us to get married.

PACHUCO: How about it, ése? You still going to give her that big
pachuco wedding you promised?

HENRY: I have to think about it.·

ALICE: (*Off-stage.*) Henry?

PACHUCO: (*Snaps fingers.*) Wish you had the time. But here comes
Licha.

ALICE: (*Entering.*) Henry, I've just come to say good night. (DELLA *freezes and* HENRY *turns to* ALICE.)

HENRY: Good night? Why are you leaving so soon?

ALICE: Soon? I've been here all afternoon. There'll be other times, Henry. You're home now, with your family, that's what matters.

HENRY: Don't patronize me, Alice.

ALICE: (*Surprised.*) Patronize you?

HENRY: Yeah. I learned a few words in the joint.

ALICE: Yo también, Hank. Te quiero. (PACHUCO *snaps.* ALICE *freezes, and* RUDY *enters.*)

RUDY: Ese carnal, congratulations, the jefita just told me about you and Della. That's great, ése. But if you want me to be best man, you better do it in the next three days.

HENRY: Wait a minute, Rudy, don't push me.

RUDY: Qué pues, getting cold feet already? (HENRY *is beginning to be surrounded by separate conversations.*)

DELLA: If you don't want me here, I can move out.

RUDY: Watcha. I'll let you and Della have our room tonight, bato. I'll sleep on the couch.

ALICE: You aren't expecting me to sleep here, are you?

HENRY: I'm not asking you to.

PACHUCO/ALICE/RUDY/DELLA: Why not?

RUDY: The jefitos will never know, ése.

ALICE: Be honest, Henry.

DELLA: What do you want me to do?

HENRY: Give me a chance to think about it. Give me a second!

PACHUCO: One second! (PACHUCO *snaps.* ENRIQUE *enters.*)

ENRIQUE: Bueno, bueno, pues, what are you doing out here, hijo? Aren't you coming in for menudo?

HENRY: I'm just thinking, jefito.

ENRIQUE: ¿De qué, hombre? Didn't you do enough of that in prison? Ándale, this is your house. Come in and live again.

HENRY: 'Apá, did you tell Della I was going to marry her?

ENRIQUE: Yes, but only after you did.

RUDY: ¿Qué traes, carnal? Don't you care about Della anymore?

ALICE: If it was just me and you, Henry, it might be different. But you have to think of your family.

HENRY: I don't need you to tell me my responsibilities.

ALICE: I'm sorry.

RUDY: Sorry, carnal.

DELLA: I don't need anybody to feel sorry for me. I did what I did because I wanted to. All I want to know is what's going to happen now. If you still want me, órale, suave. If you don't, that's okay, too. But I'm not going to hang around like a pendeja all my life.

RUDY: Your huisa's looking finer than ever, carnal.

ALICE: You're acting as if nothing has happened.

ENRIQUE: You have your whole life ahead of you.

ALICE: You belong here, Henry. I'm the one that's out of place.

RUDY: If you don't pick up on her, I'm going to have to step in.

HENRY: That's bullshit. What about what we shared in prison? I've never been that close to anybody.

ALICE: That was in prison.

HENRY: What the hell do you think the barrio is?

RUDY: It's not bullshit!

HENRY: Shut up, carnalillo!

RUDY: Carnalillo? How can you still call me that? I'm not your pinche little brother no more.

GEORGE: (*Entering.*) You guys have got to stop fighting, Henry, or the barrio will never change. Don't you realize you men represent the hope of your people?

ALICE: Della was in prison too. You know you had thousands of people clamoring for your release, but you were Della's only hope.

HENRY: Look, ésa, I know you did a year in Ventura. I know you stood up for me when it counted. I wish I could make it up to you.

DELLA: Don't give me your bullshit, Henry. Give it to Alice.

ALICE: I think it's time for Alice Bloomfield to go home.

HENRY: Don't be jealous, ésa.

DELLA: Jealous? Mira, cabrón, I know I'm not the only one you ever took to the Sleepy Lagoon.

RUDY: The Sleepy Lagoon ain't shit. I saw real lagoons in those islands, ése—killing Japs! I saw some pachucos go out there that are never coming back.

DELLA: But I was always there when you came back, wasn't I?

DOLORES: (*Entering.*) Henry? Come back inside, hijo. Everybody's waiting for you.

RUDY: Why didn't you tell them I was there, carnal? I was at the Sleepy Lagoon. Throwing chingazos with everybody!

HENRY: Don't you understand, Rudy? I was trying to keep you from getting a record. Those bastard cops are never going to leave us alone.

GEORGE: You've got to forget what happened, Henry.

HENRY: What can I give you, Della? I'm an ex-con.

DELLA: So am I!

SMILEY: (*Entering.*) Let's face it, Hank. There's no future for us in this town. I'm taking my wife and kid and moving to Arizona.

DOLORES: (*Simultaneously.*) I know what you are feeling, hijo, it's home again. I know inside you are afraid that nothing has changed. That the police will never leave you in peace. Pero no le hace. Everything is going to be fine now. Marry Della and fill this house with children. Just do one thing for me—forget the zoot suit clothes.

ENRIQUE: If there's one thing that will keep a man off the streets is his own familia.

GEORGE: Don't let this thing eat your heart out for the rest of your . . .

ALICE: Sometimes the best thing you can do for someone you love is walk away.

DELLA: What do you want, Hank?

RUDY: It cost me more than it did you.

SMILEY: We started the 38th and I'll never forget you, carnal. But I got to think about my family.

HENRY: Wait a minute! I don't know if I'll be back in prison tomorrow or not! I have nothing to give you, Della. Not even a piece of myself.

DELLA: I have my life to live, too, Hank. I love you. I would even die for you. Pero me chingan la madre if I'm going to throw away my life for nothing.

HENRY: But I love you . . . (*Both* GIRLS *turn.* HENRY *looks at* ALICE, *then to the whole group upstage of him. Still turning,* HE *looks at* DELLA *and goes to embrace her. The freeze ends and other people enter.*)

LUPE: ¡Órale, Hank! Watcha Joey. The crazy bato went all the way to his house and put on his drapes.

JOEY: ¡Esos, batoooooosss! ¡Esas, huisaaaaaass!

TOMMY: Look at this cat! He looks all reet.

LUPE: Yeah, like a parakeet!

HENRY: ¿Y tú, ése? How come you put on your tacuche? Where's the party?

JOEY: Pos, ain't the party here?

RUDY: Yeah, ése, but this ain't the Avalon Ballroom. The zoot suit died under fire here in Los. Don't you know that, cabrón?

ENRIQUE: Rudolfo!

LUPE: And he was supposed to get Henry drunk.

RUDY: Shut up, ésa!

ENRIQUE: ¡Ya pues! Didn't you have any menudo? Vieja, fix him a great big bowl of menudo and put plenty of chile in it. We're going to sweat it out of him.

RUDY: I don't need no pinche menudo.

HENRY: Watch your language, carnal.

RUDY: And I don't need you! I'm a man. I can take care of myself!

JOEY: Muy marine el bato . . .

ENRIQUE: Rudy, hijo. Are you going to walk into the kitchen or do I have to drag you.

RUDY: Whatever you say, jefito.

GEORGE: Well, Alice. This looks like the place where we came in. I think it's about time we left.

ALICE: Say the word, George, just say the word.

DOLORES: No, no. You can't leave so soon.

JOEY: Chale, chale, chale. You can't take our Grandma. ¿Qué se trae, carnal? Póngase más abusado, ése. No se haga tan square.

GEORGE: Okay, square I got. What was the rest of it?

JOEY: Pos, le estoy hablando en chicas patas, ése. Es puro chicano.

RUDY: ¿Qué chicano? Ni que madre, cabrón. Why don't you grow up?

JOEY: Grow up, ése?

RUDY: Try walking downtown looking like that. See if the sailors don't skin your ass alive.

JOEY: So what? It's no skin off your ass. Come on, Bertha.

RUDY: She's staying with me.

JOEY: She's mine.

RUDY: Prove it, punk. (RUDY *attacks* JOEY *and they fight. The* BATOS *and* RUCAS *take out* JOEY. HENRY *pacifies* RUDY, *who bursts out crying.* ENRIQUE, DELLA, DOLORES, ALICE, LUPE *and* GEORGE *are the only ones left.* RUDY *in a flush of emotion.*) Cabrones, se amontonaron. They ganged up on me, carnal. You left me and they ganged up on me. You shouldn't have done it, carnal. Why didn't you take me with you? For the jefitos? The jefitos lost me anyway.

HENRY: Come on in the house, Rudy . . .

RUDY: No! I joined the Marines. I didn't have to join, but I went. ¿Sabes por qué? Because they got me, carnal. Me chingaron, ése. (*Sobs.*) I went to the pinche show with Bertha, all chingón in your tachuche, ése. I was wearing your zoot suit, and they got me. Twenty sailors, Marines. We were up in the balcony. They came down from behind. They grabbed me by the neck and dragged me down the stairs, kicking and punching and pulling my greña. They dragged me out into the streets . . . and all the people watched while they stripped me. (*Sobs.*) They stripped me, carnal. Bertha saw them strip me. Hijos de la chingada, they stripped me. (HENRY *goes to* RUDY *and embraces him with fierce love and desperation. Pause.* TOMMY *comes running in.*)

TOMMY: ¡Órale! There's cops outside. They're trying to arrest Joey. (GEORGE *crosses to* TOMMY.)

GEORGE: (*Bursting out.*) Joey?

TOMMY: They got him up against your car. They're trying to say he stole it!

GEORGE: Oh, God. I'll take care of this.

ALICE: I'll go with you. (GEORGE, TOMMY *and* ALICE *exit.*)

HENRY: Those fucking bastards! (HE *starts to exit.*)

DELLA: Henry, no!

HENRY: What the hell do you mean no? Don't you see what's going on outside?

DELLA: They'll get you again! That's what they want.

HENRY: Get out of my way! (HE *pushes her out of the way, toward* DOLORES.)

ENRIQUE: (*Stands up before Henry.*) ¡Hijo!

HENRY: Get out of my way, jefe!

ENRIQUE: You will stay here!

HENRY: Get out of my way! (ENRIQUE *powerfully pushes him back and throws* HENRY *to the door and holds.*)

ENRIQUE: ¡TE DIGO QUE NO! (*Silent moment,* HENRY *stands up and offers to strike* ENRIQUE. *But something stops him. The realization that if* HE *strikes back or even if* HE *walks out the door, the family bond is irreparably broken.* HENRY *tenses for a moment, then relaxes and embraces his father.* DELLA *goes to them and joins the embrace. Then* DOLORES, *then* LUPE, *then* RUDY. *All embrace in a tight little group.* PRESS *enters right and comes down.*)

PRESS: Henry Reyna went back to prison in 1947 for robbery and assault with a deadly weapon. While incarcerated, he killed another inmate and he wasn't released until 1955, when he got into hard drugs. He died of the trauma of his life in 1972.

PACHUCO: That's the way you see it, ése. But there's other ways to end this story.

RUDY: Henry Reyna went to Korea in 1950. He was shipped across in a destroyer and defended the 38th Parallel until he was killed at Inchon in 1952, being posthumously awarded the Congressional Medal of Honor.

ALICE: Henry Reyna married Della in 1948 and they have five kids, three of them now going to the university, speaking caló and calling themselves Chicanos.

GEORGE: Henry Reyna, the born leader . . .

JUDGE: Henry Reyna, the social victim . . .

BERTHA: Henry Reyna, the street corner warrior . . .

SMILEY: Henry Reyna, el carnal de aquéllas . . .

JOEY: Henry Reyna, the zoot suiter . . .

TOMMY: Henry Reyna, my friend . . .

LUPE: Henry Reyna, my brother . . .

ENRIQUE: Henry Reyna . . .

DOLORES: Our son . . .

DELLA: Henry Reyna, my love . . .

PACHUCO: Henry Reyna . . . El Pachuco . . . The man . . . the myth . . . still lives. (*Lights down and fade out.*)

Zoot Suit

PERSONAJES

EL PACHUCO
HENRY REYNA

Su familia:
ENRIQUE REYNA
DOLORES REYNA
LUPE REYNA
RUDY REYNA

Sus amigos:
GEORGE SHEARER
ALICE BLOOMFIELD

Su pandilla:
DELA BARRIOS
SMILEY TORRES
JOEY CASTRO
TOMMY ROBERTS
ELENA TORRES
BERTHA VILLARREAL

La pandilla Downey:
RAFAS
RAGMAN
HOBO
CHOLO
ZOOTER
GÜERA
HOBA
BLONDIE
LITTLE BLUE

Detectives:
TENIENTE EDWARDS
SARGENTO SMITH

La prensa:
PRENSA
REPORTERO NOVATO
NIÑO VENDEDOR DE PERIÓDICOS
La corte:
JUEZ F.W. CHARLES
OFICIAL
La prisión:
GUARDIA
Los militares:
MECÁNICOS DE LAS FUERZAS NAVALES
MARINEROS
UN MIEMBRO DE LA MARINA
SWABBIE
MANCHUKA
POLICÍA DE LA MARINA
Otros:
MUJERES
PADROTE
CHOLO

ESCENARIO

Un facsímil gigante de la primera plana de un periódico sirve como un telón que desciende.

En los grandes titulares se lee: LOS ANGELES HERALD EXPRESS. Sábado 3 de junio de 1943.

Salta a la vista un encabezado gigante: HORDAS DE PACHUCOS INVADEN LOS ÁNGELES. LA FUERZA NAVAL DE LOS ESTADOS UNIDOS Y LOS MARINES EN GUARDIA.

Detrás hay telas negras que crean una zona de sombras gigantes. Las melancólicas sombras y los perfiles de pachucos cuelgan sutilmente, en lo negro sobre lo negro, contra un fondo de tela pesada, invocando recuerdos y sentimientos como de un viejo traje colgado, olvidado en las profundidades de algún lugar cercano, de algún tiempo . . . Debajo de esto aparece un lugar curvo con distintos niveles y esquinas redondeadas, con un gran contraste de brillos, que nos recuerda un salón de baile.

PRIMER ACTO
PRÓLOGO

Una navaja penetra a través del periódico. Corta lentamente hacia abajo del telón. Mientras se escucha la música de "Perdido" de Duke Ellington, EL PACHUCO *emerge desde la abertura. Se ajusta la ropa meticulosamente, pone excesivo esmero en su cuello, tirantes y en la línea del planchado de sus pantalones. Se alisa el cabello con infinito y amoroso cuidado, peinándolo hacia atrás hasta terminar en una elegante y gran cola de pato. Después va hacia la abertura y saca su saco y sombrero. Se los pone. Su vestuario fantástico está completo. Es el de un pachuco. Se ha transformado en la verdadera imagen mítica del pachuco, desde su sombrero de copa baja hasta su enorme cadena del reloj de cuatro pies. Ahora se dirige a la audiencia. Sus zapatos de tres suelas con tapas de metal hacen clic-clac cuando camina desafiante, negligente y orgullosamente escena abajo. Se detiene y asume la posición de un pachuco.*

PACHUCO:

¿Qué le watcha a mis trapos, ése?
¿Sabe qué, carnal?
Estas garras me las planté porque
vamos a dejarnos caer una obra, ¿sabe?
(*Cruza al centro del escenario y modela sus ropas.*)
Watcha mi tacuche, ése. Aliviánese con mis calcos, tando,
lisa, tramos y carlango, ése.
(*Pausa.*)
Nel, sabe qué, usted está muy verdolaga. Como se me hace
que es puro cuadrado.
(EL PACHUCO *rompe su personaje y se dirige a la audiencia en perfecto español.*)
Señoras y señores
la obra que van a ver
está construida de hechos y fantasía.
El estilo del pachuco fue un acto de vida
y su lenguaje una creación nueva.

Su voluntad de ser fue una fuerza sublime
eludiendo toda documentación . . .
¿Un ser mítico, extraño, amenazante,
precursor de revolución,
o una piadosa broma heroica, monstruosa
meritoria de absolución?
Yo hablo como un actor en el escenario.
El pachuco fue existencial
porque fue un actor en las calles,
profano y reverencial.
Fue la fantasía secreta de cada bato
dentro o fuera de la Chicanada
de vestirse de pachuco y jugar el mito
más chucote que la chingada.
(EL PACHUCO *se pone el sombrero nuevamente y se vuelve.*)
¡Pos órale! (*Música. La cortina de periódico sube.* EL PACHUCO
*empieza su movimiento chuco hacia escena arriba, rotando la cadena
de su reloj.*)

1. PACHUCO

El lugar es un salón de baile del barrio en los cuarentas. Los
PACHUCOS *y las* PACHUCAS *están vestidos y peinados al estilo
pachuco.*

Son miembros de LA PANDILLA DE LA CALLE 38, *liderados
por* HENRY REYNA *de 21 años, moreno, de facciones indígenas,
que representa más edad, y* DELA BARRIOS, *de 20 años, su novia,
vestida con una minifalda y un abrigo. Entre las parejas hay un*
MARINERO, *llamado* SWABBIE *que danza con su novia*
MANCHUKA *entre las* PAREJAS. *Movimiento. Animación.* EL
PACHUCO *canta.*

PACHUCO:

SOY CHICAS PATAS, ÉSTE ES MI BORLO
LO BAILO EN TULA, CON UNA CHULA

LO BAILO EN SAN JO
¡CON UNA HUISITA A TODO TREN!
(*Las* PAREJAS *bailan cerca de* EL PACHUCO *diciendo el final
de cada línea del siguiente verso.*)
LO BAILAN LOS CARNALES ALLÁ EN SACRA
TAMBIÉN LOS CAMARADAS ALLÁ EN SAN FRAN
TAMBIÉN LAS CHABALONES EN VERDUGO
TAMBIÉN LOS PACHUCONES EN EL CHUCO
¡SE PONE A TODO TREN
CUANDO BAILAN BOOGIE!

(*La* PANDILLA DOWNEY, *un grupo rival de pachucos, entra
por derecha arriba del escenario. Su danza de pasos rápidos se convierte en un desafío para los de la* CALLE 38.)

PANDILLA DOWNEY: Downey . . . ¡Rifa!
HENRY: (*Gesticulando hacia atrás.*) ¡Toma! (*La música está candente.* EL PACHUCO *se desliza hacia la pista y momentánea-
mente rompe la tensión.* HENRY *amenaza a* RAFAS, *el líder de
la* PANDILLA DOWNEY, *cuando ve que éste avienta a su hermano* RUDY.) ¡Rafas!
PACHUCO: (*Canta.*)

TRUCHA, ESE LOCO, VAMOS AL BORLO
PONTE EL CARLANGO, TRAMOS Y TANDO
CON TO' Y TU HUISA
¡BAILATE YA UN BOOGIE CHINGÓN!
LOS BATOS EN ALBURQUE SE LO AVIENTAN
EN FRESNO Y EN ESTOCKTON LO REVIENTAN
LE HE VISTO YO BAILAR HASTA EN SAN TONI
EN HOUSTON Y EN SAN ANGELO LE PONEN
¡SE PONE A TODO TREN
CUANDO BAILAN BOOGIE!

2. EL ARRESTO EN MASA

*Escuchamos una sirena y enseguida otra y otra. Se oye como si
fuera una redada policíaca. La danza se interrumpe. Las* PAREJAS
se detienen sobre la pista de baile.

PACHUCO: Trucha, la jura. ¡Pélenle! (*Los pachucos empiezan a tratar de huir, pero* DETECTIVES *brincan dentro del escenario con sus armas en mano. Un* REPORTERO NOVATO *toma fotografías con flash.*)

SGTO. SMITH: ¡Están detenidos!

TTE. EDWARDS: ¡Todos con las manos arriba!

RUDY: ¡Watcha! ¡Por ese lado! (RUDY *escapa junto con otros.*)

TTE. EDWARDS: ¡Alto o disparo! (EDWARDS *dispara el revólver al aire. Un número de pachucos y sus novias se congelan. Los policías los rodean.* SWABBIE, *un marinero norteamericano y su novia* MANCHUKA, *una bailarina japonesa-norteamericana, están entre ellos.*

SGTO. SMITH: ¡Ándale! (*Ve a* SWABBIE.) ¡Tú! ¡Fuera de aquí!

SWABIEE: ¿Y mi chica?

SGTO. SMITH: ¡Llévatela! (SWABBIE *y* MANCHUKA *salen.*)

HENRY: ¿Y mi chica?

TTE. EDWARDS: No dice, Henry. Por ahora no. Métete a la línea.

SGTO. SMITH: ¡Ciérrenla!

TTE. EDWARDS: ¡Abran las piernás! (Los PACHUCOS *giran hacia el fondo en línea con las manos en alto. Las sirenas se disuelven y en su lugar aparece un sonido como de un teletipo. Los* PACHUCOS *giran y se convierten en una línea y* PRENSA *empieza a disparar fotografías cuando* ÉL *habla.*)

PRENSA: La ciudad de Los Ángeles, lunes 2 de agosto de 1942. El encabezado de *Los Angeles Examiner*.

LÍNEA: (*En coro.*) La muerte sacude a Sleepy Lagoon. (*Respira.*) Los Ángeles aterrorizado por el espantoso asesinato de un "joven."

PRENSA: La ciudad de Los Ángeles, 2 de agosto de 1942. El encabezado de *Los Angeles Times*.

LÍNEA: Un muerto y diez heridos por la guerra entre jóvenes. (*Respiro.*) Operan dentro de la ciudad pandillas de jóvenes mexicanos.

PRENSA: La ciudad de Los Ángeles, 2 de agosto de 1942. Encabezado de *Los Angeles Herald Express*.

LÍNEA: La policía arresta a jóvenes mexicanos. Jovencitas viudas negras en pandillas de chicos.

PRENSA: La ciudad de Los Ángeles . . .

PACHUCO: (*Con agudeza.*) El pueblo de Nuestra Señora la Reina de los Ángeles de Porciúncula, pendejo.

PRENSA: (*Mirando a El PACHUCO cautelosamente.*) Encabezado de *Los Angeles Daily News.*

MUCHACHOS DE LA LÍNEA: 300 capturados en una ronda de la policía.

MUCHACHAS DE LA LÍNEA: Niñas mexicanas detenidas en arrestos.

TTE. EDWARDS: Noticia de prensa, Departamento de Policía de Los Ángeles: Una notoria multitud de cerca de 300 jóvenes de ambos sexos serán detenidos por la policía y el sheriff, para ser consignados, serán llevados hoy a las 8 de la noche a la cárcel central, ubicada en las calles First y Hill. A las víctimas de asalto, robo, arrebato de bolsas y otros delitos parecidos se les pide que se presenten para la identificación de los sospechosos.

PRENSA: ¿Teniente . . . ? (EDWARDS *posa cuando* PRENSA *le toma una fotografía.*)

TTE. EDWARDS: Gracias.

PRENSA: Gracias a usted. (SMITH *hace una señal y la línea se mueve hacia atrás formando una línea derecha al fondo, dejando a* HENRY *al frente.*)

TTE. EDWARDS: ¡Muévanse! ¡Media vuelta! ¡Fuera! (*Cuando la línea se mueve hacia la izquierda siguiendo a* EDWARDS, SMITH *coge a* HENRY *por un brazo y lo empuja escena abajo, arrojándolo al piso.*)

3. PACHUCO YO

SGTO. SMITH: Okay, boy, espérame aquí hasta que regrese. ¿Crees que puedes hacerlo? Seguro que puedes. Ustedes los pachucos son tipos aguantadores. (SMITH *sale.* HENRY *se levanta del piso.* EL PACHUCO *viene hacia él.*)

HENRY: Bastardos. (*Se pone de pie y pasea nerviosamente. Pausa.*) ¿Ése? ¿Ése?

PACHUCO: (*Detrás de* HENRY.) ¿Qué pues, nuez?

HENRY: (*Girándose.*) ¿Donde demonios estabas, ése?

PACHUCO: Checando el barrio. Qué desmadre, ¿no?

HENRY: ¿Y ahora qué sigue? Este pedo es grande.

PACHUCO: La ciudad está tratando de exterminar a los pachucos, carnal. Pos, ¿qué no has leído los periódicos? Están pidiendo sangre a gritos.

HENRY: Yo lo único que sé es que no hay nada que puedan achacarme. No hice nada.

PACHUCO: Tú eres Henry Reyna, ése, ¡Hank Reyna! La carnada de la delincuencia juvenil. El zootsuiter. El pachuco. El joven pachuco amargado, el líder de la pandilla de la Calle 38. Eso es lo que saben de ti.

HENRY: Esto no me gusta nada, ése. (*Repentinamente intenso.*) ¡No me gusta estar encerrado!

PACHUCO: Calmantes montes, chicas patas. ¿No te he enseñado a sobrevivir? Juégala tranquila.

HENRY: ¡Van a hacérmela de nuevo, ése! Van a cargarme con acusaciones falsas y a mantenerme aquí hasta que tengan algo gordo para joderme.

PACHUCO: Entonces ¿cuáles son las nuevas?

HENRY: (*Pausa.*) Se supone que tenía que reportarme para el Navy mañana. (EL PACHUCO *lo mira con un silencioso desdén.*) No quieres que vaya, ¿no es cierto?

PACHUCO: Es una movida estúpida, carnal.

HENRY: (*Herido y angustiado por la desaprobación del* PACHU-CO.) Tengo que hacer algo.

PACHUCO: Entonces aguántate. Nadie te está forzando a hacer nada.

HENRY: Yo me estoy forzando, ése. ¡Yo! ¿Comprendes?

PACHUCO: Muy patriótico, ¿eh?

HENRY: Sí.

PACHUCO: Al extranjero a luchar por tu país.

HENRY: ¿Por qué no?

PACHUCO: Porque éste no es tu país. Mira lo que está sucediendo a tu alrededor. Los japoneses tienen el control del Pacífico.

Rommel está chingando en Egipto, pero el alcalde de Los Ángeles ha declarado la guerra a los chicanos. ¡A ti! ¿Te curas?

HENRY: Órale.

PACHUCO: Qué mamada, ¿no? ¿Es esto por lo que tú quieres ir a morir? Ponte trucha. Esos gabachos policías bastardos ya te escogieron. Eres un hombre marcado. Piensan que tú eres el enemigo.

HENRY: (*Negándose a aceptarlo.*) ¡Qué se jodan esos bastardos!

PACHUCO: Y tan pronto como el Navy descubra que otra vez caíste al bote, ya estuvo, carnal. No calificas para los deberes militares por tu historial. Piensa en eso.

HENRY: ¿Traes un frajo?

PACHUCO: Simón. (*ÉL saca un cigarro, se lo extiende a HENRY y se lo enciende. HENRY está pensativo.*)

HENRY: (*Fuma, ríe irónicamente.*) Había preparado todo para regresar convertido en héroe, ¿ves? Me la rayo. Por primera vez en mi vida pensé que Hank Reyna en verdad iba a ser alguien.

PACHUCO: Olvida la guerra en otro país. Tu guerra está al frente de la casa.

HENRY: (*Con una resolución nueva.*) ¿Qué quieres decir?

PACHUCO: El barrio te necesita, carnal. ¡Defiéndete! Enfréntalos con algo de estilo. Muéstrale al mundo que un chicano tiene huevos. Que los tienes bien puestos. Tu puedes hacerlo. Recuerda, ¡Pachuco Yo!

HENRY: (*Asumiendo el estilo.*) Con safos, carnal.

4. EL INTERROGATORIO

Entra PRENSA, seguida de EDWARDS y SMITH.

PRENSA: (*A la audiencia.*) Edición final: *Los Angeles Daily News.* La policía arrestó a veintidós miembros de la pandilla de la Calle 38, están a la espera de más investigación sobre varios cargos.

TTE. EDWARDS: Bien, hijo, no esperaba verte aquí de nuevo.

HENRY: ¿Entonces por qué me arrestaste?

TTE. EDWARDS: Vamos, Hank, ya sabes por qué estás aquí.

HENRY: Sí, soy mexicano.

TTE. EDWARDS: No me digas eso. ¿Hace cuánto tiempo que te conozco? ¿Desde el 39?

HENRY: Simón, cuando me detuviste por robar un carro, ¿te acuerdas?

TTE. EDWARDS: Está bien. Fue un error. No sabía que era el carro de tu padre. Pero traté de compensarlo. ¿No te ayudé a hacer un club para jóvenes?

SGTO. SMITH: Pero lo convirtieron en una pandilla, teniente. Todo lo que tocan lo hacen mierda.

TTE. EDWARDS: Recuerdo a un niño hace un par de años atrás. El líder del Centro Católico de la Juventud. Su idea de pasarla bien era ver películas. ¿Qué le pasó a ese niño, Henry?

PRENSA: Se fue con "Lo que el viento se llevó", tratando de parecerse a Clark Gable.

SGTO. SMITH: Ahora piensa que es Humphrey Bogart.

PACHUCO: ¿Y tú quién eres, puto? ¿Pat O'Brien?

TTE. EDWARDS: Es un error ser antisocial en este tiempo, hijo. Este país está en guerra, y nosotros tenemos órdenes estrictas de desaparecer a todos los descontentos.

SGTO. SMITH: Empezando por todos los pachucos y los que se zafan del servicio militar.

HENRY: Yo me he zafado.

TTE. EDWARDS: Lo sé. Supe que te aceptaron en el Navy. Felicidades. ¿Cuándo tienes que presentarte?

HENRY: ¿Mañana?

SGTO. SMITH: ¡Mala suerte!

TTE. EDWARDS: Aún no es muy tarde, ¿sabes? Podría liberarte a tiempo para que jures.

HENRY: ¿Si hago qué?

TTE. EDWARDS: ¿Dime qué sabes, Henry, de la pelea de la pandilla de la noche del sábado pasado, en las afueras de Sleepy Lagoon?

PACHUCO: No les digas ni mierda.

HENRY: ¿De cuál Sleepy Lagoon?

TTE. EDWARDS: ¿Que hay más de una? Vamos, Hank, sé que estabas allí. Tengo las declaraciones de tus amigos que dicen que fuiste golpeado. ¿Es cierto? ¿Los atacaron a ti y a tu novia?

HENRY: No sé nada de eso. A mí jamás me han golpeado.

SGTO. SMITH: Es mentira y tú lo sabes. Gracias al miedo de tus amigos hemos podido sacarles bastante para acusarte de asesinato.

HENRY: ¿Asesinato?

SGTO. SMITH: Sí, asesinato. De otro grasiento llamado José Williams.

HENRY: Yo nunca oí nombrar a ese bato.

SGTO. SMITH: Sí, cómo no.

TTE. EDWARDS: He revisado tu historial, Hank. Pequeños robos, asalto, robo con allanamiento de morada y ahora asesinato. ¿Qué es lo que quieres? ¿La cámara de gas? Juega limpio conmigo. Dame una declaración de lo que sucedió en Lagoon y te dejaré ir al Navy. Te lo prometo.

PACHUCO: Si esto no es una mierda gabacha, entonces no sé lo que es.

TTE. EDWARDS: ¿Y bien?

PACHUCO: Escúpelo en su pinche jeta.

SGTO. SMITH: Olvídelo, teniente. Usted no puede tratar a estos animales como gente.

TTE. EDWARDS: Cállate, Smith. Estoy pensando en tu familia, Hank. Tu padre estaría orgulloso de verte en el Navy. Una última oportunidad, hijo. ¿Qué dices?

HENRY: Yo no soy tu hijo, chota.

TTE. EDWARDS: Está bien, Reyna, que sea como tú quieres. (EDWARDS y PRENSA *salen.*)

PACHUCO: No te lo mereces, pero lo vas a conseguir de todas formas.

SGTO. SMITH: Okay, muchacho. Ahora, esto es entre tú y yo. Escuché que los pachucos visten esos trajes de changos como una especie de armadura. ¿Es cierto? ¿Cómo funciona? Los animales como ustedes lo que necesitan es un poco de disciplina a la antigua.

HENRY: Jódete, pie plano.

SGTO. SMITH: Grasiento hijo de perra. ¿Qué sucedió en Sleepy Lagoon? ¡Habla! ¡Habla! ¡Habla! (SMITH *golpea a* HENRY

con una macana. HENRY *se desmaya y cae al piso con las manos esposadas atrás de su espalda. Su madre* DOLORES *aparece en un área de luz escena arriba cuando* HENRY *cae.*)
DOLORES: ¡Henry! (*Cambio de luz.* Cuatro parejas de pachucos *entran danzando un paso doble de los cuarenta alrededor de* HENRY *que está en el piso, mientras bailan por el tendedero con hojas de periódicos. Música.*)
PACHUCO:
Levántate y escapa, Henry . . .
deja la realidad atrás
con tus buenas garras
muy chambelán
escápate por las calles del barrio de tu mente
a través de un vecindario de recuerdos
lleno de baches
y el amor
y el dolor
tan fino como un vino . . .
(HENRY *se levanta, viendo a su madre* DOLORES *doblando las planas de periódico como si fuera ropa en un tendedero.*)
DOLORES: ¡Henry!
PACHUCO: Éste es un momento de vida pasada, el último sábado en la noche . . . antes de Sleepy Lagoon y la pinche pelea ésa.
DOLORES: ¡Henry!
PACHUCO: Tu mamá, carnal. (ÉL *retrocede hacia el fondo.*)
DOLORES: (*En el tendedero.*) Henry, ¿hijo? Ven a cenar.
HENRY: (*Se levanta del suelo.*) Lo siento, jefita. No tengo hambre. Además, tengo que ir por Dela. Ya se nos hizo tarde para el baile.
DOLORES: ¿Baile? ¿Con este calor? ¿Ustedes, muchachos, no pueden pensar en otra cosa? Dios sabe que sufro la pena negra viéndolos salir cada noche.
HENRY: Ésta no es cualquier noche, jefita. Es mi última oportunidad de lucir mi tacuche.
DOLORES: ¿Tacuche? Pero tu padre . . .
HENRY: (*Mostrando cierta testarudez.*) Sé lo que dijo mi apá, amá.

Pero de todas maneras voy a usarlo.

DOLORES: (*Suspira, se resigna.*) Mira, hijo, sé que trabajas duro por tu ropa. Y sé lo mucho que significa para ti. Pero por Diosito santo yo no sé qué ves en esa cochinada de "Zoot Suit".

HENRY: (*Sonriendo.*) Garras, amá. Nosotros le decimos garras.

DOLORES: (*Reprobando humorísticamente.*) Ay sí, garras, muy chistoso ¿verdad? Y cómo les llama la policía ¿eh? Ya te han llevado muchas veces a la cárcel. ¿Sabes qué? Voy a mandarles todas tus garras.

HENRY: A qué mi amá. No se preocupe. Para estos días en la semana que viene estaré vistiendo mi uniforme azul del Navy. ¿Okay?

DOLORES: Bendito sea Dios. Aún no puedo creer que vayas a ir a la guerra. Hasta mejor quisiera que regresaras a la cárcel.

HENRY: ¡Órale! (LUPE REYNA *de 16 años, entra vestida con una falda corta y una chaqueta ancha, seguida por* DELA BARRIOS *de 17, vestida con más modestia.* LUPE *se esconde detrás de un pliego de periódico colgado en la soga.*)

LUPE: ¡Hank! Vámonos, carnal. Dela ya llegó.

HENRY: Dela . . . Órale, esa. Qué haces aquí. Te dije que iba a pasar a tu casa por ti.

DELA: Ya sabes cómo se pone mi papá.

HENRY: ¿Qué pasó?

DELA: A veces me trata como una monja.

DOLORES: Dela, hija, buenas noches. Qué bonita te ves.

DELA: Buenas noches. (DOLORES *abraza a* DELA, *entonces se da cuenta que* LUPE *está escondida detrás del tendedero.*)

DOLORES: (*A* LUPE.) Oye, ¿tú? ¿Qué pasa contigo? ¿Qué estás haciendo ahí atrás?

LUPE: Nada, amá.

DOLORES: Entonces ven acá.

LUPE: Ya se nos hizo tarde, amá.

DOLORES: Sal, te digo. (LUPE *sale descubriendo su falda extremadamente corta.*)

DOLORES: (*Sin aliento.*): ¡Válgame Dios! Guadalupe, ¿estás loca? ¿Por qué mejor no usas nada?

LUPE: Ay, amá, es la moda, falda corta y abrigo. ¿Verdad, Hank?

HENRY: Ah, sí, amá.

DOLORES: ¿Oh, sí? ¿Y por qué Dela no anda vestida con el mismo estilo?

HENRY: No . . . Es diferente. No, chale.

ENRIQUE: (*Fuera.*) ¡Vieja!

DOLORES: Ándale, ve a cambiarte antes de que te vea tu padre.

ENRIQUE: Ya llegué. (*Entra a escena.*) Buenas noches a todos. (*Todos responden.* ENRIQUE *ve a* LUPE.) ¡Ay, jijo! ¿ Dónde está la falda?

LUPE: Aquí está.

ENRIQUE: ¿Y el resto?

DOLORES: Es que va a ir a bailar.

ENRIQUE: ¿Y a mí que me importa? Ve y cámbiate esa ropa. Ándale.

LUPE: Por favor, ¿apá?

ENRIQUE: No, señorita.

LUPE: Chihuahua, no quiero parecer como una cuadrada.

ENRIQUE: Te digo que no. No quiero que mi hija parezca una . . .

DOLORES: Una puta . . . quiero decir pachuca . . .

LUPE: (*Pidiendo ayuda.*) Hank . . .

HENRY: Haz lo que te dicen, carnala.

LUPE: Pero ustedes sí dejan que Henry vista sus garras.

ENRIQUE: Eso es diferente. Él es hombre. Un hombre.

DOLORES: Sí, eso es diferente. Ustedes los hombres son todos iguales. De tal palo, tal astillota.

ENRIQUE: Natural, muy natural, y mira cómo salió. ¡Bien macho! Como su padre. ¿Verdad, m'ijo?

HENRY: Si tú lo dices, jefito.

ENRIQUE: (*A* DELA.) Buenas noches.

DELA: Buenas noches.

HENRY: Apá, ella es Dela Barrios.

ENRIQUE: Mira, mira . . . Así que ella es tu nueva novia, ¿eh? Muy bonita. Muy diferente a la última.

DOLORES: Ay, señor.

ENRIQUE: Es la verdad. ¿Cómo se llamaba?

DELA: ¿Bertha?

ENRIQUE: Esa misma. La del tatuaje.

DOLORES: Este hombre. Tenemos visita.

ENRIQUE: Esto me recuerda. Invité a los compadres a la casa, mañana.

DOLORES: ¿Que qué?

ENRIQUE: Voy a comprar un barril de cerveza para el menudo.

DOLORES: Oye, ¿cuál menudo?

ENRIQUE: (*Interrumpiendo.*) ¡Qué caray, mujer! No todos los días un hijo sale a luchar por su patria. No lo sabré yo. Dela, m'ija, cuando estuve en la Revolución Mexicana, ni siquiera tenía la edad de mi hijo.

DOLORES: N'ombre, no empieces con tu revolución. Aquí estaremos toda la noche.

HENRY: Simón, jefe, nos tenemos que ir.

LUPE: (*Entra.* LUPE *que se ha desenrollado la falda.*) Apá, ¿así está mejor?

ENRIQUE: Bueno. Y así que se quede.

HENRY: Órale, pues. Ya se nos hizo tarde. ¿Dónde está Rudy?

LUPE: Se está arreglando. ¡Rudy! (RUDY REYNA *de 19, entra escena abajo vestido con un viejo traje convertido en tacuche.*)

HENRY: Vámonos. Ya estoy listo.

ENRIQUE: Oye, oye, ¿y tú? ¿Qué haces con mi saco?

HENRY: Es mi tacuche, apá.

ENRIQUE: ¡Me lleva la chingada!

DOLORES: Enrique . . . ¡Por el amor de Dios!

ENRIQUE: (*A* HENRY.) Ya ves lo que hiciste. Primero uno y luego el otro. (*A* RUDY.) Hijo, no vayas con eso. Pareces un idiota, pendejo.

RUDY: Órale, Hank. ¿No me veo bien?

HENRY: Nel, ése, estás bien. Watcha. Una vez que salga para el ejército te puedes quedar con mi tacuche, entonces andarás a la moda. ¿Cómo la ves?

RUDY: Chale. Gracias, carnal, pero si no entro al ejército, yo mismo puedo conseguir mi tacuche.

HENRY: ¿Estás seguro? No lo voy a necesitar a donde voy, ¿sabes?

RUDY: ¿En serio?

HENRY: Simón.

RUDY: Pues lo pensaré.

HENRY: Pos, no hay pedo, ése.

ENRIQUE: ¿Cómo que pedo? ¿Nel? ¿Simón? ¿Desde cuándo dejamos de hablar español en esta casa? ¿Qué no tienen respeto?

DOLORES: Muchachos, muchachos, váyanse a su baile. (HENRY *empieza a desplazarse escena arriba.*)

ENRIQUE: Cuando yo tenía tu edad tenía que besarle la mano a mi padre.

HENRY: Buenas noches . . . (ENRIQUE *le extiende la mano. HENRY se detiene, mira y entonces se regresa a besar la mano de su padre. Después va y besa a su madre, mientras* RUDY *lame la mano de su padre.*)

ENRIQUE: ¡Ah, jijo!

HENRY: Órale, es mejor que nos apuremos. (*"Adioses" de todos.*)

ENRIQUE: (*Cuando* RUDY *lo pasa.*) ¡Henry! No dejes que tu hermano tome cerveza.

RUDY: Ay, apá. Yo puedo cuidarme solo.

DOLORES: Lo creeré cuando lo vea. (ELLA *lo besa en la nariz.*)

LUPE: Ahí te watcho, amá.

ENRIQUE: ¿Que qué?

LUPE: Quiero decir que los veo más tarde. (HENRY, DELA, LUPE *y* RUDY *se dirigen escena arriba. La música empieza.*)

ENRIQUE: Mujer, ¿por qué no me dejaste hablar?

DOLORES: (*Suspirando.*) Habla, señor, habla todo lo que quieras. Te escucho. (ENRIQUE *y* DOLORES *salen por derecha arriba.* RUDY *y* LUPE *salen por izquierda arriba. Las luces cambian. Escuchamos una música de danza candente.* HENRY *y* DELA *bailan en el centro del escenario. EL PACHUCO canta.*)

PACHUCO:

CADA SÁBADO EN LA NOCHE
YO ME VOY A BORLOTEAR
CON MI LINDA PACHUCONA
LAS CADERAS A MENEAR

ELLA LE HACE MUY DE AQUÉLLAS
CUANDO EMPIEZA A GUARACHEAR
AL COMPÁS DE LOS TIMBALES
YO ME SIENTO PETATEAR

(*De arriba derecha tres nuevos pachucos entran en línea,
moviéndose al ritmo.* Son JOEY CASTRO *de 17;* SMILEY TO-
RRES *de 23; y* TOMMY ROBERTS *de 19, anglo.* Todos se
desplazan escena izquierda abajo en diagonal.)

LOS CHUCOS SUAVES BAILAN RUMBA
BAILAN LA RUMBA Y LE ZUMBAN
BAILAN GUARACHA SABROSÓN
¡EL BOTECITO Y EL DANZÓN!

(*El coro se repite, la música se desvanece.* HENRY *ríe y abraza
a* DELA *muy feliz.*)

5. LA PRENSA

Las luces cambian. EL PACHUCO *escolta a* DELA, *quien sale
por la derecha.* LA PRENSA *aparece centro arriba del escenario.*

PRENSA: *Los Angeles Times*: 8 de agosto de 1942.

Un niño VENDEDOR DE PERIÓDICOS *entra cargando dos
paquetes de periódicos, pregonando mientras camina. Gente de dis-
tintas clases sociales entra a intervalos y compra periódicos. Luego
se acomoda al fondo para leerlos.*

VENDEDOR DE PERIÓDICOS: ¡Extra! ¡Extra! Entérese de todo.
Sesión especial del gran jurado del condado de Los Ángeles.
Cargos de conspiración en el asesinato de Sleepy Lagoon.
¡Extra! (*Un* REPORTERO NOVATO *aparece y se dirige a*
PRENSA *cuando* TENIENTE EDWARDS *entra.*)
REPORTERO: ¡Hey, aquí viene Edwards! (EDWARDS *es asediado
por* PRENSA *y por la reportera* ALICE BLOOMFIELD *de 26
años.*)

PRENSA: ¿Cómo van las cosas, teniente? ¿Cuáles son los verdaderos móviles sobre Sleepy Lagoon? Sexo, violencia . . .

REPORTERO: ¿Marihuana?

VENDEDOR DE PERIÓDICOS: Entérese de todo. Una ola de asesinos mexicanos invade Los Ángeles.

TTE. EDWARDS: Los barrios pobres engendran crimen, muchachos. Ésa es tu historia.

ALICE: Teniente. ¿Exactamente qué es el Sleepy Lagoon?

REPORTERO: Una gran canción de Harry James, muñeca. ¿Quieres bailar? (ALICE *ignora al* REPORTERO.)

TTE. EDWARDS: Es una presa. En realidad es un pozo de grava abandonado. Está en un rancho entre aquí y Long Beach. Sirve como un hoyo donde nadan los muchachos mexicanos.

ALICE: ¿Porque no se les permite nadar en sitios públicos?

PRENSA: ¿Con cuál periódico está, señorita? ¿Con *The Daly Worker*?

EDWARDS: También es el lugar donde van los enamorados por la noche, por eso las pandillas luchan por él. Ahora finalmente mataron a alguien.

VENDEDOR DE PERIÓDICOS: ¡Extra! ¡Extra! Se balacean pachucos terroristas en Sleepy Lagoon.

TTE. EDWARDS: Pero nosotros no vamos a tener indulgencia con esos jóvenes. Y usted puede citar eso.

PRENSA: Una última pregunta, teniente. ¿Qué pasa con la pandilla de la Calle 38? ¿No fue usted el primero en arrestar a Henry Reyna?

TTE. EDWARDS: Sí. Y noté que el muchacho tiene un gran potencial de líder. Sin embargo . . .

PRENSA: ¿Sí?

EDWARDS: No se le pueden cambiar las manchas a un jaguar.

PRENSA: Gracias, señor. (*La gente hace bola los periódicos, los arrojan al suelo al salir.* ALICE *se vuelve hacia* HENRY *por un momento.*)

VENDEDOR DE PERIÓDICOS: ¡Extra! ¡Extra! Lea todo acerca de los mini gangsters. ¡Extra! ¡Extra!

PRENSA *y* REPORTERO *salen corriendo eufóricos para escribir sus historias. VENDEDOR se marcha pregonando sus periódicos. ALICE sale con determinación. Por escena arriba entra ENRIQUE rodando un bote de basura. Es un barrendero. Durante la siguiente escena ÉL barre silenciosamente los periódicos, deteniéndose al último para leer una de las noticias.*

6. EL ABOGADO DE LA GENTE

JOEY: ¡Chale, ése, chale! Qué pinche agüite.

SMILEY: ¿Mini gangsters?

TOMMY: ¡Pachucos mafiosos! Ya me lo esperaba. Cada vez que el Departamento General de Justicia se tira un pedo, nos mandan al bote.

SMILEY: Pos, qué chingados, Hank. No puedo creerlo. ¿A poco son capaces de achacarnos un crimen? ¡Tengo vieja y un chamaco, carnal!

JOEY: Total, después de todo sacamos algo chido. Te apuesto que ya te diste color que salimos en primera plana. Ya todos saben que nuestra pandilla es la más picuda de toda la ciudad.

TOMMY: Oigan a este escuincle mión. El robo más choncho que ha hecho es piratearse un churro.

JOEY: (*Asiéndose sus genitales.*) Aquí está tu churro, ése.

TOMMY: ¿Qué? ¿Dónde? Pásame un microscopio, Smiley.

JOEY: ¿Por qué no vienes acá y muerdes un pedacito, joto?

TOMMY: ¿Joto? ¿A quién le estás llamando joto, maricón?

JOEY: A ti, pinche gabacho. ¿Nunca te dijeron que tienes las nalgas de culo de pato?

TOMMY: No, nadie me dijo eso, culero. (JOEY *y* TOMMY *empiezan a boxear.*)

SMILEY: (*Furioso.*) Oigan batos, ¿por qué no le paran?

HENRY: (*Tranquilo.*) Cálmenla.

SMILEY: ¡Pinches chavalos! (*Los batos paran.*)

JOEY: Nomás estábamos cabuliando, ése.

TOMMY: Simón, ése. El puro cotorreo. (ÉL *le da el último puñetazo a* JOEY.)

SMILEY: (*Con una profunda autocompasión.*) Estoy demasiado viejo para estas broncas, Hank. Todo este pedo con esos chavalillos.

HENRY: Relájate, carnal. No te agüites.

SMILEY: Hemos jalado juntos el buti de tiempo, Hank. Fiestas, chingazos, tambo. Cuando dijiste vamos a unirnos a la pachucada, me uní a la pachucada. Nosotros hicimos la 38, bato. Y todavía te seguí luego que mi chavito nació. ¿Pero ahora qué, carnal? Este pinche pedo es serio.

TOMMY: Tiene razón, Hank. La tira ya nos puso cargos a toda la banda.

JOEY: Simón, tú sabes que el único que no está aquí es el Rudy. (*HENRY gira bruscamente.*) Él estuvo también en Sleepy Lagoon, ése. Repartiendo chingazos.

HENRY: Sí, pero la chota no sabe, ¿verdad? A menos que uno de ustedes vaya de soplón.

JOEY: Hey, ése, ¿a mí qué me ven? En la calentada lo único que me sacaron fue la mierda. Pura mierda.

TOMMY: Es lo único que tienes, güey. (*Ríe.*)

HENRY: Está bien. Entonces, ahí que quede. No quiero que mi carnalillo entre en esto. Y si alguien pregunta por él, ustedes no saben nada. ¿Estamos?

SMILEY: Simón.

TOMMY: Órale, pues.

JOEY: (*Levanta las manos con las palmas hacia arriba.*) Oye, Jackson, yo estoy tranquilo. Tú bien lo sabes.

HENRY: No hay ningún gringo en quien podamos confiar.

TOMMY: Hey, ése, ¿y yo?

HENRY: Tú sabes a qué me refiero.

TOMMY: No, no sé lo que quieres decir. Yo estoy aquí con el resto de ustedes.

JOEY: Sí, pero tú serás el primero en salir, cabrón.

TOMMY: No mames, maniaco. ¡Yo soy pachuco!

HENRY: Relájate, ése. Nadie la está tomando contigo. A ver, ¿no te doy chance de salir con mi carnala? ¿Sí o no?

TOMMY: Simón.

HENRY: Pos, lo hice nomás porque respetas a mi familia. El resto de los gringos anda sobre nuestros huesos.

PACHUCO: Hablando de tecolotes, ya les cayó compañía. *(GEORGE SHEARER aparece derecha arriba del escenario, después baja. Es un abogado de edad mediana, fuerte y atlético, pero por su actitud nerviosa tiene aspecto de ser un abogado de oficio.)*

GEORGE: Hola, muchachos.

HENRY: ¡Trucha!

GEORGE: Mi nombre es George Shearer. He sido llamado por sus padres para llevar su caso. ¿Puedo sentarme y hablar un poco con ustedes? *(Pausa. Los jóvenes ojean suspicazmente a GEORGE. ÉL hace a un lado un bulto de periódicos hacia arriba del escenario.)*

PACHUCO: Mejor échale ojo, ése. Parece cuico.

HENRY: *(A los muchachos, en sotto voce.)* Pónganse al alba. Éste me huele a chota.

GEORGE: ¿Cómo? ¿Dijeron que puedo sentarme? Gracias. *(Empuja un bulto hacia arriba del escenario. Se sienta.)* Bien, déjenme primero ver si tengo bien sus nombres. ¿Quién es José Castro?

JOEY: Aquí mero, ése. ¿Qué es lo que quieres saber?

GEORGE: Ya hablaremos más tarde de eso. ¿Ismael Torres?

SMILEY: *(Inexpresivo.)* Soy yo, pero me llaman Smiley.

GEORGE: *(Con una amplia sonrisa.)* ¿Smiley? Ya veo. Tú debes ser Thomas Roberts.

TOMMY: No soy Zoot Suit Yokum.

GEORGE: Entonces tú tienes que ser Henry Reyna.

HENRY: Y qué si lo soy. ¿Tú quién eres?

GEORGE: Ya les dije que me llamo George Shearer. Sus padres me pidieron que viniera.

HENRY: Ah, ¿sí? ¿Y de dónde consiguieron para un abogado?

GEORGE: Yo soy un abogado de la gente, Henry.

HENRY: ¿Abogado de la gente?

JOEY: Cincho, pos somos gente, ¿qué no?

TOMMY: Al menos no mandaron un abogado de animales.

HENRY: ¿Qué es lo que quieres decir? ¿Lo vas a hacer gratis o qué?

GEORGE: (*De estar sorprendido cambia a divertido.*) Trato de no trabajar gratis, excepto algunas veces. En este caso, espero que me paguen por mis servicios.

HENRY: ¿Y quién te va a pagar? ¿Por qué? ¿Cuánto?

GEORGE: Hey, hey, tranquilo. Se supone que el que hace preguntas soy yo. Tú eres uno de los que están bajo proceso penal, no yo.

PACHUCO: No dejes que se te ponga al tiro, ése.

GEORGE: Asistí a alguna sesión del Gran Jurado. ¡Y vaya que era una farsa! ¿No es cierto? Cargos de asesinato en primer grado y todo eso.

SMILEY: ¿Piensas que tenemos chance de salir de esta bronca?

GEORGE: Siempre hay una oportunidad, Smiley. Para eso son los juicios.

PACHUCO: No contestó tu pregunta, ése.

HENRY: No has respondido mi pregunta, lic. ¿Quién te está pagando? ¿Y cuánto?

GEORGE: (*Un poco molesto.*) Mira, Henry, estos jodidos asuntos no son cosa que te importen. (*Los jóvenes reaccionan.*) Pero como sea, te voy a contar una pequeña historia. El primer caso de asesinato que me tocó defender y que gané circunstancialmente fue el de un filipino. Me pagaron exactamente $3.50, más un paquete de cigarros Lucky Strike, aparte de un recibo por mil dólares, nunca lo cobré. ¿Eso responde a tu pregunta?

HENRY: ¿Cómo sabemos que eres abogado?

GEORGE: ¿Cómo sé que tú eres Henry Reyna? ¿Qué tratas de insinuar, hijo? ¿Crees que soy policía?

HENRY: Chance.

GEORGE: ¿Qué estás tratando de ocultarle a la policía? ¿Un asesinato? (*Los jóvenes reaccionan.*) Está bien. Bueno, además de sus padres, un comité de ciudadanos que se está formando para defenderlos me llamó también para llevar su caso, Henry. A pesar de toda la evidencia en contra de ustedes, hay algunas personas que no quieren que se los jodan.

HENRY: ¿Sabes qué? No necesito de tus favores.

GEORGE: (*Empezando a salir.*) Está bien. ¿Supongo que quieres otro abogado? Hablaré a la oficina de Defensa Pública.

JOEY: (*Asiendo el portafolio de* GEORGE.) Hey, espérate un momento, ése. ¿Adónde vas?

TOMMY: De cincho se le va a volar la tapa.

JOEY: Nel, este bolillo no sabe nada.

GEORGE: (*Explotando.*) ¡Ya basta de pendejadas!

SMILEY: (*Toma el portafolio y cruza hacia* HENRY.) Démosle chance, Hank. (SMILEY *le extiende el portafolio a* GEORGE.)

GEORGE: Gracias. (ÉL *empieza a salir. Se detiene.*) ¿Sabes que estás cometiendo un gran error? Me pregunto si se dan cuenta quiénes son sus amigos. Les van a hacer un juicio colectivo. ¿Saben qué cosa es eso? Bueno, eso es algo nuevo para mí también. El Gran Jurado los va a enjuiciar a todos por el mismo crimen. No nada más a ustedes cuatro, sino a toda la banda que nombran "Calle 38". ¿Y saben quién es el blanco principal? Tú, Henry, porque han estado diciendo que eres el líder. (*Mirando en torno a los cuatro.*) Y me supongo que lo eres. Pero estás arrastrando a tus compañeros a un callejón sin salida. El Departamento General de Justicia va sobre ti, hijo. Y los van a mandar a todos a la cámara de gas. (GEORGE *gira para salir.* SMILEY *está lleno de pánico.* JOEY *y* TOMMY *reaccionan de igual manera que el otro.*)

SMILEY/JOEY/TOMMY: (*Al unísono.*) ¡Cámara de gas! Pero si nosotros no hicimos nada. ¡Somos inocentes!

HENRY: ¡Cálmenla! (*Los batos se detienen de golpe.*) Órale pues, vamos a suponer que eres abogado, ¿y eso qué prueba? La prensa ya nos incriminó. ¿Crees que puedes cambiar eso?

GEORGE: Probablemente no. Aunque la opinión pública va y viene, Henry. Lo que importa es nuestro sistema de justicia. Yo creo que funciona, no importa qué tan lenta se mueva la rueda. Va a ser una larga lucha, pero nosotros podemos hacer que cambie. Yo sé que podemos lograrlo. Les prometí a sus padres la mejor defensa de la que soy capaz. La pregunta es, Henry, ¿vas a confiar en mí?

HENRY: ¿Por qué debería hacerlo? Eres gringo.

GEORGE: (*Con calma, deliberadamente responde en español.*) ¿Cómo sabes?

TOMMY: (*Estupefacto.*) ¿Tú hablas español?

GEORGE: Más o menos.

JOEY: ¿Así que nos entendiste desde hace rato?

GEORGE: Más o menos.

JOEY: (*Avergonzado.*) ¡Híjole, qué gacho, ése!

GEORGE: No te preocupes. No sé mucho de su caló pachuco. El problema, por lo que veo, es que para ti parezco un anglo, ¿no? ¿Y que tal si te digo que sangre española corre por mis venas? ¿Qué mis raíces se originan en España como las de ustedes? ¿Y qué podría ser un árabe? ¿Qué si fuera un judío? ¿Qué importancia tiene eso? La cuestión es si van a dejar que los ayude. (*Pausa.* HENRY *le echa un vistazo al* PACHUCO.)

PACHUCO: ¡Chale!

HENRY: (*Pausa.*) Ya vas, le entro.

SMILEY: Yo también.

JOEY: Lo mismo digo yo.

TOMMY: ¡Órale!

GEORGE: (*Animado.*) Muy bien. Vamos a trabajar. Quiero saber exactamente qué sucedió desde el principio. (GEORGE *se sienta y abre su portafolio.*)

HENRY: Bueno, creo que todo el cuete empezó el sábado pasado, en el baile de la noche. (El PACHUCO *chasquea los dedos y se escucha música de baile. Las luces cambian.* GEORGE *sale.*)

7. EL BAILE DE LA NOCHE DEL SÁBADO

SWABBIE *y* MANCHUKA *entran corriendo al escenario cuando el baile del barrio comienza a tomar forma.* HENRY *y los batos se mueven escena arriba para reunirse con los otros* PACHUCOS *y* PACHUCAS *que entran;* JOEY *hace pareja con* BERTHA VILLARREAL, TOMMY *con* LUPE REYNA; *y* SMILEY *escolta a su mujer* ELENA TORRES. *Ellos representan la* PANDILLA DE LA CALLE 38. *También llegan al baile los de la* PANDILLA DOWNEY, *mirando maliciosamente.* RUDY *permanece escena arriba, al fondo, bebiendo de una botella de cerveza. El* PACHUCO *canta.*)

PACHUCO:

CUANDO SALGO YO A BAILAR
YO ME PONGO MUY CATRÍN
LAS HUISITAS TODAS GRITAN, DADDY
¡VAMOS A BAILAR EL SWING!

(*Las* PAREJAS *bailan. Es un ritmo de swing muy movido. La música llega a un rompimiento natural y cambia a un ritmo lento.* BERTHA *se aproxima a* HENRY *y* DELA *quienes están escena abajo en la pista de baile.*)

BERTHA: Ése, ¡surote! ¿Qué tal una bailada para recordar los viejos tiempos? No te hagas gacho.

HENRY: (*Bailando suavemente con* DELA.) Lo siento, Bertha.

BERTHA: ¿Es tu nueva huisa? ¿Esta mosquita muerta?

DELA: Escucha, Bertha . . .

HENRY: (*La detiene.*) Chale. Está celosa. Pélate, Bertha.

BERTHA: Pélatela tú. Mira. Tú a mí no me tienes más, cabrón. Se acabó. Soy tan libre como un pájaro.

SMILEY: (*Llegando.*) Ése, Hank, ahí está la banda Downey en el rincón. ¿Crees que están buscando bronca?

HENRY: Sólo son dos.

BERTHA: Es todo lo que necesitamos.

SMILEY: ¿Quieres que le avise a los batos?

HENRY: Nel, estate tranquilo.

BERTHA: ¿Estate tranquilo? Uy, yu, yui. Olvídalo, Smiley. Desde que se metió al Navy, este bato olvidó la diferencia entre ser muy ojo y ser ojete. (ELLA *ríe y cuando se da la vuelta* HENRY *molesto la agarra de un brazo.* BERTHA *se suelta y se aleja tranquila y fuerte. La música cambia y el ritmo se acelera.* EL PACHUCO *canta mientras las parejas bailan.*)

PACHUCO:

CUANDO ME VOY AL VACILÓN
Y ME METO YO A UN SALÓN
LAS CHAVALAS GRITAN, PAPI VENTE
¡VAMOS A BAILAR DANZÓN!

(*El baile se vuelve latino. La música da otro rompimiento natural y se mantiene así.* LUPE *se aproxima a* HENRY *en la pista de baile.*)

LUPE: Hank, Rudy ya anda las mismas. Ha estado bebiendo desde que llegamos.

HENRY: (*Lanza una mirada sobre* RUDY.) Anda bien, carnala, deja que el carnal se divierta.

RUDY: (*Tambaleándose.*) ¡Ése, carnal!

HENRY: ¿Qué dices, carnal?

RUDY: Estoy volando alto, Jackson. Sintiéndome a todo dar.

LUPE: Rudy, si vuelves a llegar borracho a casa, mi apá te va a agarrar de punching bag. (RUDY *la besa en la mejilla y se va.*)

DELA: ¿Cómo te sientes?

HENRY: Bien.

DELA: ¿Aún piensas en Bertha?

HENRY: Chale, ¿qué traes? Oye, ¿quieres ir a Sleepy Lagoon? Tengo algo que decirte.

DELA: ¿Qué?

HENRY: Al rato, al rato te digo.

LUPE: Mejor dile a Rudy que deje de tomar.

HENRY: Cálmate, carnala. Si se pone muy pedo, yo lo cargaré a casa. (*La música estalla nuevamente.* EL PACHUCO *canta un tercer verso.*)

PACHUCO:

TOCAN MAMBO SABROSÓN
SE ALBOROTA EL CORAZÓN
Y CON UNA CHAVALONA VAMOS
VAMOS A BAILAR EL MAMBO

(*Las parejas bailan mambo. Al fondo* RUDY *empieza a discutir con* RAFAS, *el líder de la* PANDILLA DOWNEY. *Una bronca explota cuando la música llega a un quiebre natural.* RAFAS *empuja a* RUDY, *medio borracho, al piso.*)

RAFAS: ¡Y a ti qué te importa, puto!

RUDY: (*Cae.*) ¡Cabrón!

HENRY: (*Reaccionando inmediatamente.*) ¡Hey! (*Toda la multitud que baila se tensa inmediatamente, dividiéndose en campos separados. Los batos de* CALLE 38 *son más numerosos que los de* DOWNEY.)

RAFAS: Él empezó, ése. Él comenzó a chingar conmigo.

RUDY: Eres una cagada de pollo, ése. Me haces la puñeta, ¡pirujo!

RAFAS: ¡Ven aquí y dime eso, puto!

HENRY: (*Poniendo a* RUDY *detrás de él.*) ¡Agüítala, carnal! (*Enfrentándose a* RAFAS.) Estás un poco fuera de tu territorio, ¿qué no, Rafas?

RAFAS: Éste es un baile de barrio, ése. Nosotros somos del barrio.

HENRY: Tú eres de Downey.

RAFAS: Vale madre, ¡Downey rifa!

PANDILLA DOWNEY: ¡Simón!

RAFAS: Ahora qué vas a hacer. ¿eh?

HENRY: Voy a partirte la madre. (*Los dos grupos empiezan a atacarse.*) ¡Cálmenla! (*Todos se detienen.*)

RAFAS: (*Sacando la navaja.*) ¿Tú y con cuántos batos más?

HENRY: Nomás tú y yo, cabrón. Éste es mi carnalillo y tú empezaste a empujarlo, ¿ves? ¡Y nadie chinga con mi familia sin que yo le responda, ése! ¡Hank Reyna! (ÉL *saca otra navaja.*)

BERTHA: ¡Órale!

HENRY: Vamos a ver si puedes empujarme como a mi hermanito, ése. Vamos, órale. (*Empiezan a luchar con la navaja.* HENRY *ataca más rápido. Retrocediendo,* RAFAS *cae al suelo. El filo de la navaja de* HENRY *está en su garganta. EL PACHUCO chasquea los dedos. Todos se congelan.*)

PACHUCO: Qué mamada, Hank. Esto es precisamente lo que la obra necesita ahora. Otros dos mexicanos matándose entre sí. Watcha, todos te están mirando.

HENRY: (*Mira hacia la audiencia.*) No me vengas con esa mierda. O lo mato o me mata.

PACHUCO: Eso es exactamente lo que ellos pagaron por ver. Piénsalo. (EL PACHUCO *chasquea de nuevo los dedos. Todos se descongelan.*)

HENRY: (*Patea a* RAFAS.) Lárgate de aquí. ¡Píntate!

BERTHA: ¿Qué?

GÜERA: (*La novia de* RAFAS *intenta ir hacia éste.*) Rafas. ¡Vámonos! (*La detienen otros batos de la* PANDILLA DOWNEY.)

RAFAS: Está suave. Ya te veré después.

HENRY: Cuando quieras, cabrón. (*La* PANDILLA DOWNEY *se retira mientras los de la* CALLE 38 *se burlan de ellos cuando van saliendo. Intercambian una serie de insultos.* BERTHA *grita "¡Chinga tu madre!" y ellos salen. Los de la* CALLE 38 *celebran su victoria.*)

SMILEY: ¡Órale, la hiciste, ése! ¡Se escamaron todos!

TOMMY: ¡Corrimos a esos jotos de aquí!

BERTHA: Yo les hubiera sacado la mierda a esas dos rucas.

JOEY: Este pinche Rafas es un chillón sin su banda, ése.

LUPE: ¿Y por qué no saliste al quite?

JOEY: Chale, Rudy no es mi hermano chico . . .

RUDY: (*Borracho.*) ¿A quién le estás llamando chico, pendejo? ¡Yo te mostraré quién es chico!

JOEY: Cálmate, ése.

TOMMY: Hombre, tuviste suerte de que tu hermano estuviera aquí.

BERTHA: ¿Por qué? Él no hizo nada. El Hank de antes le habría rajado la panza al Rafas como a un puerco.

HENRY: ¡Cállate la boca, Bertha!

RUDY: ¿Por qué, carnal? Le sacaste la vuelta, ése. Yo podía haberlo dominado solo.

HENRY: Basta, Rudy. Estás pedo.

DELA: Hank, ¿qué si Rafas regresa con toda su banda?

HENRY: (*Imponiendo su liderazgo.*) Matamos a esos hijos de su puta madre.

JOEY: ¡Órale! ¡La 38 rifa! (*Música. Todos vuelven a bailar con furiosa energía.* EL PACHUCO *canta.*)

PACHUCO:

DE LOS BAILES QUE MENTÉ
Y EL BOLERO Y EL BEGUÍN
DE TODOS LOS BAILES JUNTOS
¡ME GUSTA BAILAR EL SWING! ¡HEY!

(*El baile termina con la exclamación de todos:* ¡HEY!)

8. EL DÍA DE LA RAZA

PRENSA *entra escena arriba, empujando una carrucha con montones de periódicos. Los batos y las rucas en la pista de baile se congelan en su posición final del baile.* EL PACHUCO *es el único relajado y se mueve.*

PRENSA: 12 de octubre de 1942: Día de la Raza. El aniversario cuatrocientos cincuenta del descubrimiento de América. ¡Titulares principales!

En sus lugares, ahora las parejas se paran derechas y recitan un titular antes de salir. Mientras lo hacen, PRENSA *mueve los bultos de periódicos al piso para delimitar los cuatro rincones de la celda.*

SMILEY/ELENA: El presidente Roosevelt saluda a los buenos vecinos de América Latina. (SMILEY *y* ELENA *salen.*)

TOMMY/LUPE: Los ingleses empiezan la ofensiva para sacar a Rommel de África del norte. (TOMMY *y* LUPE *salen.*)

RUDY/CHOLO: Los japoneses toman las islas del Pacífico. (RUDY *y* CHOLO *salen.* PRENSA *arroja otro bulto de periódicos.*)

ZOOTER/LITTLE BLUE: Se extiende la telaraña criminal de pachucos. (ZOOTER *y* LITTLE BLUE *salen.*)

MANCHUKA/SWABBIE: Los Marines de los Estados Unidos establecen un frente en Guadalcanal. (MANCHUCA *y* SWABBIE *salen.*)

JOEY/BERTHA: Llegan a los Estados Unidos los primeros braceros mexicanos. (JOEY *y* BERTHA *salen.*)

DELA: Mañana empiezan las primeras averiguaciones sobre el asesinato en Sleepy Lagoon. (DELA *y* PRENSA *salen. Cuando estos salen,* GEORGE *y* ALICIA *entran por la izquierda escena arriba.* HENRY *está en el centro, en una "celda" delimitada por los cuatro bultos de periódicos que dejó* PRENSA.)

GEORGE: ¿Henry? ¿Cómo estás, hijo? Oye, he venido con alguien que quiere conocerte. Pensé que no te molestaría. (ALICE *cruza hacia* HENRY.)

ALICE: Hola. Me llamo Alice Bloomfield y soy reportera del *Daily People's World.*

GEORGE: Y . . . Y debo agregar que es un miembro importante del comité que está luchando por ustedes.

ALICE: ¡Oh, George! Yo no le llamaría lucha, por favor. Esta batalla apenas está comenzando. Pero nosotros estamos seguros que vamos a ganarla. ¿No es cierto, Henry?

HENRY: Lo dudo.

GEORGE: Oh, vamos, Henry. ¿Qué te pasa, hijo? ¿Ya estás listo para mañana? ¿Necesitas algo? ¿Hay algo que te pueda conseguir?

HENRY: Sí. ¿Qué pasó con la ropa limpia que me prometiste? No puedo ir a la corte así.

GEORGE: ¿Cómo? ¿Quieres decir que no te la dieron?

HENRY: ¿Qué?

GEORGE: Tu madre la vino a dejar hace dos días. Una muda limpia de pantalones, camisa, calcetines y calzones, todo. El sheriff me dio permiso la semana pasada.

HENRY: No me han dado nada.

GEORGE: Esto me huele mal.

HENRY: Mira, George, no me gusta estar así. No me gusta estar sucio. ¡Ve y haz algo, hombre!

GEORGE: Tranquilo. Cálmate, hijo. Voy a verificarlo ahora. ¡Oh! ¿Alice?

ALICE: Estaré bien aquí, George.

GEORGE: Regreso pronto. (*Sale.*)

ALICE: (*Sacando una libreta y un lápiz.*) Ahora que te tengo todo para mí me gustaría hacerte un par de preguntas.

HENRY: No tengo nada que decir.

ALICE: ¿Cómo sabes? Todavía no te he preguntado nada. Relájate. Soy de la prensa progresista. ¿Okay? (HENRY *permanece ante ella sin saber cómo reaccionar. ALICE se sienta sobre uno de los bultos de periódicos y cruza sus bellas piernas. HENRY se concentra en ellas.*) Bien. La prensa dice que la ola de crímenes de los pachucos está inspirada por los facistas. ¿Tienes algo qué decir acerca de eso?

HENRY: (*Abruptamente.*) No.

ALICE: ¿Qué tal de los japoneses americanos? ¿Es cierto que ellos están involucrados directamente en las actividades subversivas de los pachucos desde los campos de reubicación? (HENRY *voltea hacia* EL PACHUCO *como interrogándolo.*)

PACHUCO: Esa es toda tuya, ése.

HENRY: Mire, señorita, no sé de qué demonios me está hablando.

ALICE: Estoy hablando acerca de ti, Henry Reyna. Y de lo que la prensa normal ha estado diciendo. ¿Te has dado cuenta que estás aquí porque algún ricachón de San Simeon quiere vender más periódicos? Es cierto.

HENRY: ¿Y qué?

ALICE: Así que ese hombre es el que empezó con la historia de la ola de los crímenes mexicanos. Entonces la policía entra a formar parte del cuadro. ¿Entiendes? Alguien te está usando como conejillo.

HENRY: (*En su machismo insultado.*) ¿A quién le estás diciendo conejillo?

ALICE: Lo siento, pero es la verdad.

HENRY: (*Asechándola.*) ¿Por qué te crees tan chingonamente lista?

ALICE: (*Empezando a atemorizarse pero tratando de no mostrarlo.*) Soy reportera. Es mi trabajo saber.

PACHUCO: Puro pedo. Es una vieja estúpida y sólo es buena para lo que tú ya sabes.

HENRY: Mire, Miss Bloomfield, déjeme solo, ¿okay? (HENRY *se aleja.* ALICE *suspira profundamente.*)

ALICE: Oye, empecemos de nuevo, ¿okay? Hola. Mi nombre es Alice Bloomfield y no soy reportera. Soy alguien que desea ser tu amiga. (*Pausa. Con sinceridad.*) ¿Me crees?

HENRY: ¿Por qué?

ALICE: Porque estoy contigo.

HENRY: ¿Oh sí? ¿Entonces por qué no estás en la cárcel como yo?

ALICE: (*Alzando la cabeza.*) Todos estamos en la cárcel. Pero algunos no lo sabemos.

PACHUCO: Mmm, pues. Sin comentarios. (*Pausa.* HENRY *la mira fijamente tratando de entenderla.* ALICE *lo aborda de manera más suave.*)

ALICE: Créelo o no, yo nací en Los Ángeles como tú. Pero por una extraña razón yo crecí sin saber casi nada de los mexicanos. Y ahora estoy tratando de aprender.

HENRY: (*Intrigado, pero cínico.*) ¿Qué?

ALICE: Pequeños detalles. Como esa cruz tatuada que tienes en la mano. ¿Es una marca de los pachucos? (*HENRY se cubre la mano instintivamente, dándose cuenta de lo que ha hecho.*)

HENRY: (*Sonríe para sí mismo, avergonzado.*) Órale.

ALICE: ¿Te avergonzaste? Lo siento. Tu madre lo mencionó.

HENRY: (*Sorprendido.*) ¿Mi madre? ¿Hablaste con mi jefita?

ALICE: (*Con entusiasmo.*) ¡Sí! Y con tu padre y con Lupe y Rudy. Toda tu familia me dio una entrevista impresionante, pero tu madre fue sensacional. Especialmente me gustó su historia acerca del operativo en la medianoche. Cómo entró la policía dentro de tu casa con las armas listas, buscando fabricarte un cargo, y cómo tu padre les dijo que estabas en la cárcel. Dios, hubiera pagado por ver las caras de los policías.

HENRY: (*Escondiendo sus sentimientos.*) No creas nada de lo que te dijo mi jefa. (*Rápidamente agrega.*) Hay muchas cosas que ella no sabe. No soy un ángel.

ALICE: Apostaría a que no lo eres. Pero has sido arrestado como sospechoso docenas de veces, te han enviado a la cárcel por unos días, y luego te han liberado por falta de pruebas. Y todo se ha escrito en tu expediente juvenil.

HENRY: Pues, yo no soy un mierda ¿sabes?

ALICE: Lo sé. Eres un mecánico excelente. Arreglas todos los carros de tus amigos. Bien, al menos no eres uno de esos del lumpen proletariado.

HENRY: ¿Del lumpen qué?

ALICE: Olvídalo. Quiero decir que eres la clásica víctima social.

HENRY: Pendejadas.

ALICE: (*Pausa. Interrogando seriamente.*) ¿Me estás diciendo que eres culpable?

HENRY: ¿De qué?

ALICE: Del asesinato de Sleepy Lagoon.

HENRY: ¿Y qué si lo soy?

ALICE: ¿Lo eres?

HENRY: (*Pausa. Respondiendo seriamente.*) Chale. He hecho muchas fregaderas en mi vida, pero no eso. (*GEORGE regresa molesto, tratando de esconder su frustración.*)

GEORGE: Lo siento, Henry, pero maldita sea, also está pasando aquí y tu ropa se ha detenido. Tendré que hablar de esto en el juicio.

HENRY: ¿En el juicio?

GEORGE: No me han dejado otra opción.

ALICE: ¿Qué sucede?

HENRY: Es una trampa, George, ¡otra maldita trampa!

GEORGE: Es apenas el principio, hijo. Nadie dijo que iba a ser una pelea justa. Así que si van a pelear sucio, yo también. Legalmente, pero sucio. Créeme.

ALICE: (*Apasionadamente.*) Henry, no importa lo que suceda en el juicio, quiero que sepas que creo que eres inocente. Recuerda eso cuando veas lo que parece una multitud linchante . . . Algunos de nosotros . . . muchos de nosotros . . . estamos allí contigo.

GEORGE: Okay, Alice, vámonos. Tengo un millón de cosas que hacer. Henry, te veo mañana en la corte. Buena suerte, hijo.

ALICE: ¡Ánimo, Henry, nosotros venceremos! (ALICE *y* GEORGE *salen.* EL PACHUCO *los ve irse, entonces se vuelve hacia* HENRY.)

PACHUCO: "¡Ánimo, Henry, nosotros venceremos!" ¿Realmente piensas que vas a salir de esta bronca, ése?

HENRY: No quiero pensar en eso.

PACHUCO: Tienes que pensar en eso, Hank. Todos están jugando contigo para hacerte una mamada. ¡Despierta, carnal!

HENRY: Mira, bato, ¿qué diablos quieres que haga?

PACHUCO: Cógetelos. (*Asiéndose su escroto.*) ¡Basta de ser blando!

HENRY: ¿Quién está siendo blando?

PACHUCO: (*Incisivo.*) Estás esperando algo que no va a suceder, ése. Esos bolillos te están jugando el dedo en la boca. ¿De veras crees que tienes una oportunidad?

HENRY: (*Con más obstinación.*) Simón. Sí pienso que tengo una oportunidad.

PACHUCO: ¿Nomás porque lo dice esa bolilla?

HENRY: Nel, ése. Nomás porque Hank Reyna lo dice.

PACHUCO: La clásica víctima social, ¿eh?

HENRY: (*Furioso pero manteniendo la calma.*) Mira, ése. Hank

Reyna no es un perdedor. Saldré bien librado de esto. ¿Me entiendes, Méndez? (HENRY *se desplaza con un movimiento pachuco.*)
PACHUCO: (*Con fuerza.*) ¡No trates de sacarme de la jugada, ése!
Ya veremos quién sale bien librado. (*Recoge un bulto de periódicos y lo lleva escena centro arriba. Lo deja caer, produciendo un ruido impactante.*) ¡Vámonos a la corte!

9. SE ABRE EL JUICIO

Música. El banco del JUEZ *está hecho de bultos de periódicos apilados en línea recta dentro de una camioneta de cambios. La camioneta es empujada hacia dentro por los batos. Después* PRENSA *va en ella con las banderas federal y del estado. Un* OFICIAL *pone una carreta: el trono del* JUEZ.

De manera simultánea, EL PACHUCO *camina escena abajo acompañado por* TRES PACHUCHAS *quienes cantan el coro.* EL PACHUCO *enciende un cigarro de marihuana y canta:*

PACHUCO:
MARI-MARI-JUANA
MARI-MARI-JUANA BOOGIE
MARI-MARI-JUANA
MARI-MARI-JUANA BOOGIE
MARI-MARI-JUANA
THAT'S MY BABY'S NAME

(HENRY *avanza escena abajo a un espacio cerrado.*)

PÓNGASE ALERTA, ESE BATO
NO SE VAYA AL ROL
PORQUE VA A EMPEZAR AL RATO
EL PIANO DEL CANTÓN
PORQUE VA A EMPEZAR AL RATO
EL MARIJUANA BOOGIE, ¡BOY!

(*Continúa la música mientras que* EL PACHUCO *fuma del toque.*)

¿Todavía te sientes muy patriota, ése?

HENRY: *(Con obstinación.)* ¿Qué quieres decir? El juicio ni ha empezado.

PACHUCHO: Dejémonos de tanta mierda y vamos al veredicto, Hank. Es el año 1942. ¿O será 1492?

HENRY: *(Sintiendo miedo de repente.)* Tú me estás haciendo esto, bato.

PACHUCO: Algo dentro de ti desea el castigo, ése. La humillación pública. Y el sacrificio humano. Lo único es que ya no hay pirámides, carnal. Sólo la cámara de gas. *(La familia de* HENRY *entra con* ALICE, DELA *y* BERTHA. *Cargan con sus sillas plegables, se sientan a un costado.)*

PACHUCO:
MI JAINA SE LLAMA JUANA
JUANA, JUANA, JUANA
PERO YA TODOS LOS BATOS
LE DICEN MARIJUANA
MARI-MARI-JUANA
¡CÓMO TE QUIERO YO!

*(*HENRY *entra y camina escena arriba, donde se une a los batos que están en línea, sentados en bultos de periódicos. Entra* PRENSA.*)*

PRENSA: El juicio masivo más grande de la historia del condado de Los Ángeles se abrirá mañana a las 10. a.m. en el tribunal superior. Sesenta y seis cargos contra los veintidós implicados en el caso del infame asesinato en Sleepy Lagoon. Siete abogados trabajarán en la defensa de los acusados y dos lucharán porque sean procesados. El procurador estima que hay cientos de testigos que serán llamados a jurar y a testificar, cito, "para exterminar el pandillerismo juvenil mexicano". Fin de cita.

OFICIAL: *(Golpea el martillo contra el banco.)* El tribunal superior del estado de California. En y para el condado de Los Ángeles. Departamento 43. El honorable juez F.W. Charles, preside. ¡Todos de pie! (JUEZ CHARLES *entra. Todos se ponen de pie.* EL PACHUCO *se pone en cuclillas.* JUEZ *es actuado por el mismo actor que interpreta a* EDWARDS.*)*

JUEZ: Por favor, tomen asiento. *(Todos se sientan.* EL PACHUCO *permanece de pie.)* Cite el caso, oficial.

OFICIAL: (*Leyendo una hoja.*) El pueblo del estado de California contra Henry Reyna, Ismael Torres, Thomas Roberts, José Castro y otros dieciocho . . . (*Dudando un poco.*) . . . Pa-cu-cos.

JUEZ: ¿Está presente el abogado defensor?

GEORGE: Sí, su Señoría.

JUEZ: Proceda, por favor. (*Señala a* PRENSA.)

PRENSA: Señoría . . .

GEORGE: (*Habla de inmediato.*) Si la corte me permite, el viernes me fue informado que el fiscal de distrito le prohibió a la oficina del sheriff que estos jóvenes tuvieran ropa limpia o se cortaran el cabello. Ya hace tres meses que fueron arrestados . . .

PRENSA: (*Entrando en la conversación.*) Señoría, queremos demostrar en el testimonio de que su estilo de corte de cabello caracteriza a la pandilla de la Calle 38 . . .

GEORGE: Tres meses, su Señoría.

PRENSA: . . . su abundancia de cabello, peinado al estilo cola de pato, los pantalones pachucos . . .

GEORGE: Señoría, puedo inferir que el fiscal . . . está tratando de que estos jóvenes parezcan de mala reputación, como criminales.

PRENSA: Su apariencia es distintiva, su Señoría. Es esencial para el caso.

GEORGE: ¡Trata de explotar el hecho de que estos jóvenes parecen extranjeros por su apariencia! Aunque este tipo de ropa la usan los jóvenes de todo Estados Unidos.

LA PRENSA: Señoría . . .

JUEZ: (*Golpeando su martillo.*) No creo que sea importante si su ropa está sucia.

GEORGE: ¿Qué con los sus cortes de cabello, Señoría?

JUEZ: (*Rigiendo.*) El corte de cabello pachuco se mantendrá durante el juicio para que los testigos identifiquen a los acusados.

PACHUCO: ¿Lo escuchaste, ése? Escúchalo de nuevo. (*Chasquea los dedos. El* JUEZ *repite automáticamente.*)

JUEZ: El corte de cabello pachuco se mantendrá durante el juicio para que los testigos identifiquen a los acusados.

PACHUCO: Quiere asegurarse de que sepamos quién eres.

JUEZ: Me llama la atención que el jurado está teniendo problemas para distinguir a un joven del otro, así que he decidido que los acusados se pongan de pie cada vez que su nombre sea mencionado.

GEORGE: ¡Objeción! Si el fiscal hace una acusación, eso significará una auto-incriminación.

JUEZ: (*Pausa.*) No necesariamente. (*A* PRENSA.) Por favor, proceda.

GEORGE: (*Tratando aún de poner la escena.*) ¿Entonces, puede la corte, por favor, permitir que mis clientes se sienten junto a mí durante el juicio para que yo pueda consultar con ellos?

JUEZ: Petición denegada.

GEORGE: ¿Puedo pedir a su Señoría que al acusado Thomas Roberts se le permita levantarse de su asiento y caminar hacia la mesa de la defensa para que consulte conmigo durante el juicio?

JUEZ: Por supuesto que no lo permitiré.

GEORGE: ¿Por qué no?

JUEZ: No. Es una corte pequeña, señor Shearer. No podemos tener a los veintidós acusados por todos lados.

GEORGE: Entonces, tengo una objeción. Considero que se están negando los derechos de los acusados, estipulados tanto en la constitución federal como en la del estado.

JUEZ: Bueno, esa es su opinión. (*Martillando.*) Llame a su primer testigo.

PRENSA: La fiscalía llama al teniente Sam Edwards del Departamento de Policía de Los Ángeles.

PACHUCO: (*Chasquea los dedos. Vuelve a ver al* JUEZ.) ¿Saben qué? Ya escuchamos bastante a este bato, ¿no? Vámonos con la defensa. (*Chasquea los dedos.* PRENSA *toma asiento.* GEORGE *se levanta.*)

GEORGE: La defensa llama a Adela Barrios.

OFICIAL: (*Llamando.*) Adeeela Barreeos. (DELA BARRIOS *sale de entre los espectadores.* BERTHA *se inclina hacia delante.*)

BERTHA: (*Entre los espectadores.*) No les digas nada. (*El* OFICIAL *toma el juramento de* DELA *en silencio.*)

PACHUCO: Mira a tu pandilla. Sí parecen criminales. Se miran bien gachos. (HENRY *mira a los batos, quienes estaban tumbados en sus lugares.*)

HENRY: (*Susurra.*) Vamos, batos, acomódense.

SMILEY: Estamos cansados, Hank.

JOEY: Tengo adolorido el trasero.

TOMMY: Sí, mira las sillas blanditas que tiene el jurado.

HENRY: ¿Qué esperabas? Tratan de que nos veamos mal. Vamos. Enderécense.

SMILEY: Simón, batos, Hank tiene razón.

JOEY: ¡Más alba nalga!

TOMMY: Pon algo de estilo en tus nalgas.

HENRY: ¡Enderécense! (*Todos se enderezan.*)

GEORGE: Diga su nombre, por favor.

DELA: Adela Barrios. (*Se sienta.*)

GEORGE: Señorita Barrios, ¿estaba usted con Henry Reyna la noche del primero de agosto de 1942?

DELA: Sí.

JUEZ: (*A* HENRY.) De pie, por favor. (HENRY *se pone de pie.*)

GEORGE: Por favor, diga a la corte qué sucedió esa noche.

DELA: (*Pausa. Respira.*) Bueno, después del baile del sábado en la noche, Henry y yo nos fuimos a Sleepy Lagoon como a las once y media.

10. SLEEPY LAGOON

Música: El tema de Harry James. EL PACHUCO *crea la escena. La luz cambia. Vemos una luz oscilante en el piso que va creciendo a medida que avanza la música. Se convierte en la imagen de la laguna. Cuando suena un solo de trompeta,* HENRY *se acerca a* DELA *y* ELLA *se levanta con suavidad.*

DELA: Había luna llena esa noche y tan pronto como llegamos a Lagoon nos dimos cuenta que el lugar estaba vacío . . . (*Un par de faros de coche se proyectan silenciosamente desde el fondo negro del escenario.*) Henry estacionó el carro en la orilla del lago y nos relajamos. (*Los faros desaparecen.*) Era una noche tan bonita y cálida, y el cielo estaba tan lleno de estrellas, que no pudimos quedarnos en el carro. Así que nos bajamos y Henry me tomó de la mano . . . (HENRY *se levanta y toma la mano de* DELA.) Caminamos alrededor de la laguna. Al principio ninguno de los dos decíamos nada, sólo se escuchaban los sonidos de los grillos y las ranas. (*Sonidos de grillos y ranas, mientras la música permanece como fondo.*) Cuando llegamos al otro lado del lago, empezamos a escuchar música, entonces le pregunté a Henry, ¿qué es eso?

HENRY: Parece que hay una fiesta.

DELA: ¿Dónde?

HENRY: En el rancho de los Williams. Ve las luces de la casa.

DELA: ¿Quiénes viven allí?

HENRY: Un par de familias. Mexicanos. Creo que trabajan en el rancho. Ya sabes, se apellidaban González pero se cambiaron a Williams.

DELA: ¿Por qué?

HENRY: No sé. Quizá piensan que les da más clase. (*Escuchamos música mexicana.*) Ay, jijo. Probablemente están celebrando una boda o algo.

DELA: Tan pronto como él dijo boda, dejó de hablar y los dos sabíamos por qué. Él pensaba en algo, algo que trataba de decirme sin que sonara brusco . . .

HENRY: Dela . . . ¿Qué vas a hacer si no regreso de la guerra?

DELA: Ésa no era la pregunta que yo esperaba, así que respondí algo bobo, como, no sé, ¿y por qué no vas a volver?

HENRY: Quizá espero demasiado de la vida, ¿ves? Desde que era niño tenía la sensación de que se iba a dar una gran fiesta en algún lado y que yo estaba invitado, pero que no sabía cómo llegar ahí. Y tengo muchas ganas de ir, aunque arriesgue mi vida para lograrlo. Suena como una locura, ¿verdad? (DELA *y* HENRY *se besan. Se abrazan y* HENRY *habla con trabajo.*)

HENRY: Si regreso de la guerra . . . ¿te casarías conmigo?

DELA: ¡Sí! (ELLA *lo abraza y casi se caen.*)

HENRY: ¡Órale! Nos vas a tirar en la laguna. Oye, ¿y cómo crees que responda tu viejo? No le va a gustar que te cases conmigo.

DELA: Ya lo sé, pero no me importa. Me iré contigo al infierno si me lo pides.

HENRY: ¿Sabes qué? Te haré la boda pachuca más grande que jamás se haya visto en Los Ángeles. (*Otro par de faros viene desde la izquierda. DELA regresa a su narración.*)

DELA: Entonces llegó otro carro a la laguna. Era Rafas acompañado de algunos tipos borrachos de la pandilla Downey. Se bajaron y empezaron a quebrar las ventanas del carro de Henry. Él les gritó y ellos empezaron a insultarnos. Le dije a Henry que no les dijera nada, pero él les contestó los insultos.

HENRY: Espérame aquí, Dela.

DELA: Henry, no. ¡No vayas! ¡Por favor, no vayas!

HENRY: ¿Qué no oyes lo que le están haciendo a mi coche?

DELA: ¡Son muchos! ¡Te van a matar!

HENRY: ¡Chale! (HENRY *da vuelta y corre escena arriba, donde se congela.*)

DELA: ¡Henry! Henry corrió por atrás de la laguna y empezó a pelear él solo contra ellos. Rafas había juntado a diez tipos y todos atacaron a Henry como si fueran una jauría de perros. Él luchó tanto como pudo, pero lo lanzaron al piso y lo patearon hasta que perdió el conocimiento. (*Los faros desaparecen.*) Después de que se fueron, corrí hacia Henry y lo tomé entre mis brazos hasta que volvió en sí. Iba a decirle que estaba herido, pero él habló primero y dijo . . .

PACHUCO: Vamos a la ciudad por los batos. (*Música: "In the Mood" de Glen Miller. HENRY se vuelve hacia los batos y estos se ponen de pie. A SMILEY, JOEY y TOMMY se les unen RUDY, BERTHA, LUPE y ELENA, quienes entran por el otro lado. ELLOS giran escena abajo en un grupo compacto y se congelan.*)

DELA: Nos tomó una hora ir a la ciudad y volver. Fuimos a la laguna como en ocho carros, pero la pandilla Downey ya no estaba.

JOEY: Órale, ¿pos qué pasó? No hay nadie.

SMILEY: Entonces vámonos a Downey.

LOS MUCHACHOS: (*Ad libitum.*) ¡Vámonos!

HENRY: ¡Chale! ¡Chale! (*Pausa. Todos se detienen.*) Ya estuvo. Todos a casa. (*Un gruñido colectivo de los muchachos.*) ¡Al cantón!

DELA: En eso estábamos cuando oímos de nuevo música desde el rancho de los Williams. No sabíamos que Rafas y su banda habían estado ahí también, haciendo problemas. Así que cuando Joey dijo . . .

JOEY: Hey, ¡hay una fiesta! Bertha, vamos a bailar.

DELA: Todos nos fuimos para allá gritando y riendo. (*El grupo de batos gira hacia escena arriba en un congelamiento mimado.*) Los del rancho de Williams nos vieron y pensaron que éramos de la banda Downey que regresaba de nuevo . . . Nos atacaron. (*El grupo ahora mima una serie de cuadros mostrando la pelea.*) Un anciano corrió a la cocina y regresó con un cuchillo, y Hank tuvo que golpearlo. Entonces una chavala me agarró de los cabellos y en un segundo ¡todos estábamos peleando! ¡La gente agarraba palos de las verjas, botellas, lo que fuera! Todo sucedió tan rápido que no sabíamos lo que nos golpeaba, pero Henry dijo: ¡Vámonos!

HENRY: ¡Pintémonos! ¡Fuera de aquí!

DELA: Y empezamos a salir . . . Antes de que llegáramos a los carros, vi algo de reojo . . . Era un tipo. Estaba golpeando con una estaca muy grande a un hombre que estaba en la tierra. (EL PACHUCO *mima esta acción.*) Henry lo llamó, pero él no quería detenerse. No quería detenerse, no quiso detenerse, no quiso. . . . (DELA *llorando, toma a* HENRY *en sus brazos. Los batos y rucas empiezan a retroceder a sus lugares, silenciosamente.*) De regreso en los autos todos estábamos callados, como si no hubiera pasado nada. No sabíamos que José Williams había muerto en la fiesta esa noche y que los muchachos iban a ser arrestados al día siguiente por asesinato. (HENRY *se separa de ella y regresa a su lugar.* DELA *reasume su papel de testigo.*)

11. LA CONCLUSIÓN DEL JUICIO

Las luces alumbran la sala del tribunal cuando el JUEZ CHARLES *golpea con el martillo. Todos vuelven a sus lugares.*

GEORGE: Su testigo.

PRENSA: (*Preparándose para atacar.*) Dices que Henry Reyna golpeó al hombre con su puño. (*Señala el lugar donde* HENRY *está parado.*) ¿Él es Henry Reyna?

DELA: Sí. Es decir, no, él es Henry, pero él no . . .

PRENSA: Siéntese, por favor. (HENRY *se sienta.*) Bien, ¿después que Henry Reyna golpeó al anciano con el puño le clavó el cuchillo?

DELA: El que tenía el cuchillo era el viejo.

PRENSA: ¿Entonces Henry sacó el suyo?

GEORGE: (*Levantándose.*) Señoría, protesto porque el fiscal está induciendo al testigo.

PRENSA: No estoy induciendo al testigo.

GEORGE: Por supuesto que sí.

PRENSA: En serio que no.

GEORGE: Claro que sí.

JUEZ: Le sugiero, señor Shearer, que investigue durante la hora de receso, lo que significa la palabra "inducir".

GEORGE: Pido por favor al tribunal que se anote el comentario de su Señoría como mala conducta.

JUEZ: (*A* PRENSA.) Proceda. (GEORGE *cruza regresando a su silla.*)

PRENSA: ¿Dónde estaba Smiley Torres durante todo esto? ¿No es cierto que Smiley Torres tomó a una mujer por los cabellos y la pateó en el suelo? ¿Puede Smiley Torres ponerse de pie? (SMILEY *se pone de pie.*) ¿Éste es el hombre?

DELA: Sí, es Smiley, pero él . . .

PRENSA: Siéntese, por favor. (SMILEY *se sienta.* PRENSA *muestra un leño.*) ¿José Castro no llevaba algún tipo de palo?

GEORGE: (*Otra vez de pie.*) Señoría, ¡protesto! No se encontró ningún palo. El fiscal está implicando que este leño está relacionado, de alguna forma, con mi cliente.

PRENSA: No estoy implicando nada. Señoría, yo solamente estoy utilizando este leño como una ilustración.

JUEZ: Objeción denegada.

PRENSA: ¿Puede ponerse de pie, por favor? (JOEY *se pone de pie.*) ¿Es éste el hombre que cargaba un palo? (DELA *se niega a contestar.*) Responda la pregunta, por favor.

DELA: Me niego.

PRENSA: Está bajo juramento. No puede rehusarse.

JUEZ: Conteste la pregunta, jovencita.

DELA: Me niego.

PRENSA: ¿Éste es el hombre al que vio golpear a otro hombre con un palo? Señoría . . .

JUEZ: Le ordeno que responda la pregunta.

GEORGE: Objeción, Señoría. Es obvio que la testigo teme que su testimonio sea manipulado por el fiscal.

PRENSA: Le recuerdo al tribunal que tenemos una confesión firmada por José Castro en la cárcel.

GEORGE: Objeción. ¡Aquéllas no fueron confesiones! Aquéllas fueron declaraciones. Unas son verdaderas y otras falsas, Señoría, obtenidas por la policía quien golpeó y forzó a los acusados.

JUEZ: Creo que técnicamente el término es admisible, señor Fiscal. Objeción aprobada. (*Aplausos de los espectadores.*) Si hay otro alboroto desalojarán la sala. Continúe, señor Fiscal.

PRENSA: Tome asiento, por favor. (JOEY *se sienta.* GEORGE *regresa a su asiento.*) ¿Es Henry Reyna el líder de la pandilla de la Pandilla Calle 38? (HENRY *se pone de pie.*)

DELA: No en el sentido que usted insinúa.

PRENSA: ¿Henry Reyna, el líder pachuco de la Calle 38, mató intencionalmente a José Williams?

DELA: No. Ellos nos atacaron primero.

PRENSA: No le pedí su comentario.

DELA: Lo hicieron, pensaron que nosotros éramos de la banda Downey.

PRENSA: Sólo responda a mis preguntas.

DELA: Nosotros sólo actuamos en defensa propia hasta que pudimos salir de ahí.

PRENSA: Señoría, podría pedirle a la testigo que coopere.

JUEZ: Le advierto, señorita, que si no responde a la pregunta la retendré por desacato.

PRENSA: ¿Era éste el Henry Reyna que llevaba un tubo de tres pies de metal?

DELA: No.

PRENSA: ¿Era éste el tubo de metal de dos pies?

GEORGE: ¡Objeción!

JUEZ: Denegada.

DELA: ¡No!

PRENSA: ¿Él pateó a una mujer en el suelo?

DELA: No, a él lo hirieron en la pelea.

PRENSA: Siéntese. (HENRY *se sienta.*) ¿Tommy Roberts arrancó una estaca de la cerca y golpeó a un hombre en el suelo?

GEORGE: ¡Objeción!

JUEZ: Denegada.

DELA: Yo nunca lo vi hacer nada.

PRENSA: ¿Joey Castro tenía una pistola?

GEORGE: ¡Objeción!

JUEZ: Denegada. (JOEY *se pone de pie.*)

PRENSA: Siéntese. (JOEY *se sienta.*) ¿Henry Reyna tenía una cachiporra en las manos? (HENRY *se pone de pie.*)

DELA: No.

PRENSA: ¿Una navaja?

DELA: No.

PRENSA: ¿Un leño?

DELA: No.

PRENSA: ¿Atropelló y se abalanzó sobre José Williams, golpeándolo en la cabeza y matándolo?

DELA: Apenas podía caminar, ¿como iba a correr a ningún lado?

PRENSA: (*Moviéndose para asestar el golpe final.*) ¿Fue Smiley Torres? (*Los batos se paran y se sientan cuando son mencionados sus nombres.*) ¿Fue Joey Castro? ¿Fue Tommy Roberts? ¿Fue Henry Reyna? ¿Fue Smiley Torres? ¿Fue Henry Reyna? ¿Fue Henry Reyna? ¿Henry Reyna asesinó a José Williams?

DELA: ¡No, no, no!

GEORGE: (*De pie otra vez.*) Señoría, ¡objeción! El fiscal está colocando objetos en la escena del crimen, y ninguno de ellos fue encontrado en Sleepy Lagoon. Y tampoco se ha demostrado que alguno de esos objetos esté relacionado con mis clientes.

JUEZ: Objeción denegada.

GEORGE: ¡Señoría, por favor, deseo hacer un señalamiento de mala conducta!

JUEZ: Ya había hecho una anteriormente, pero vemos que ahora ya hizo otra.

GEORGE: Así es, Señoría.

JUEZ: Un señalamiento más como éste y lo retendré por desacato. Y la verdad, señor Shearer, me están cansando sus repetidas e inútiles objeciones.

GEORGE: Yo no he hecho objeciones inútiles.

JUEZ: Lo siento. Entonces alguien es ventrílocuo. Aquí tenemos a Charlie McCarty usando la voz del señor Shearer.

GEORGE: Consignaré que el comentario de su Señoría es mal intencionado.

JUEZ: Bien. Me sentiría mal si no hiciera un señalamiento como éste al menos tres veces por sesión. (*Golpeando con el martillo.*) El testigo puede retirarse. (DELA *se pone de pie.*) Sin embargo, la remitiré a la custodia del internado estatal para niñas en Ventura, por un año . . .

HENRY: ¿Qué?

JUEZ: . . . para que sea retenida en una sala juvenil del estado . . . ¿Oficial?

GEORGE: Si el tribunal me permite . . . Si el tribunal me permite . . . (*El* OFICIAL *cruza hacia* DELA *y se la lleva hacia la izquierda.*)

JUEZ: El tribunal entra en receso hasta mañana a primera hora. (JUEZ *se retira.* PRENSA *se retira.* HENRY *se topa con* GEORGE *a medio camino cruzando el centro del escenario. El resto de los batos se levantan y se van hacia el fondo.*)

GEORGE: Henry, ahora quiero que me escuches, por favor. Recuerda que él es el juez, Hank. Y ésta es su corte.

HENRY: ¡Pero se está burlando, George, y nos está jodiendo!

GEORGE: Lo sé y no te culpo por estar tan molesto, pero créeme, le ganaremos.

HENRY: Creí que me habías dicho que teníamos una oportunidad.

GEORGE: (*Apasionadamente.*) ¡Y la tenemos! Vamos a ganar este caso con una apelación.

HENRY: ¿Apelación? ¿Quieres decir que ya lo perdimos?

PACHUCO: ¿Qué hay de nuevo?

GEORGE: ¿No lo ves, Henry? El juez Charles se está colgando solo. Puedo citar más de cien casos distintos de mala conducta por parte del juez, y todos se han ido a los expedientes. Errores lesivos, negación de procesos limpios, evidencia inadmisible, rumores . . .

HENRY: ¿Sabes qué, George? No me digas nada más. (HENRY *se da la vuelta.* ALICE *y* ENRIQUE *se aproximan a él.*)

ALICE: ¿Henry . . . ?

HENRY: (*Se voltea furioso.*) ¡No quiero escucharte, Alice! (HENRY *ve a* ENRIQUE, *pero ni el padre ni el hijo se atreven a decirse algo.* HENRY *se regresa a escena arriba.*)

ALICE: George, ¿hay algo que podemos hacer?

GEORGE: No, déjalo. Está muy enojado y con toda razón. (*El* JUEZ CHARLES *golpea repetidamente su martillo. Todos se regresan a sus lugares y se sientan.*)

JUEZ: Ahora escucharemos la conclusión de la fiscalía.

PRENSA: Señoría, damas y caballeros del jurado. Lo que tienen ante ustedes es un dilema de nuestros tiempos. La ciudad de Los Ángeles está en medio de la más grande y aterradora ola de crimen en su historia. Una ola de crimen que amenaza con engullir los cimientos de nuestro bienestar cívico. No sólo nos estamos ocupando de la muerte violenta de José Williams en una reyerta de borrachos de barrio, nos estamos ocupando de una amenaza y de un peligro para nuestros niños, nuestras familias, nuestros hogares. Dejar a estos pachucos libres es permitir que se impongan las fuerzas de anarquía y de destrucción en nuestra sociedad. Dejen libres a estos pachuchos y se volverán héroes. Otros como ellos deben estarnos observando en este preciso momento. ¿Qué pensamientos infames pueden estar tramando en sus mentes torcidas? ¿Violación, drogas, asalto, más violencia? ¿Quién será la siguiente víctima inocente en un callejón oscuro, o en alguna calle solitaria? ¿Usted? ¿Usted? ¿Alguno de sus seres queridos? ¡No! Henry Reyna y sus seguidores juveniles latinos no son héroes. Son criminales y deben ser detenidos. Los detalles específicos de este asesinato no tienen importancia ante el peligro abrumador del pachuco en nuestra sociedad. Pido que declaren culpables de asesinato a estos delincuentes pachucos y que los condenen a la cámara de gas, el único sitio para ellos. (PRENSA *se sienta.* GEORGE *se levanta y se coloca en el centro del escenario.*)

GEORGE: Damas y caballeros del jurado, ustedes han oído cómo he protestado por la conducta de este juicio. Me he esforzado al máximo para defender lo que es más preciado en nuestra sociedad norteamericana —una sociedad ahora en guerra contra las fuerzas de la intolerancia racial y de la injusticia del totalitarismo. El fiscal no ha traído a ningún testigo que haya visto, con sus propios ojos, quién mató a José Williams. Estos muchachos no pertenecen a la pandilla de Downey. Con todo, la evidencia sugiere que los atacaron porque la gente del rancho pensó que eran de esa pandilla. Henry Reyna y Dela Barrios fueron víctimas de la misma banda. Sí, puede ser que hayan deseado la venganza —¿quién no la desearía bajo semejantes circunstancias?— pero nunca tuvieron la intención de cometer un homicidio. Entonces, ¿cómo murió José Williams? ¿Fue un accidente? ¿Fue homicidio involuntario? ¿Fue asesinato? Quizás nunca lo sabremos. Todo lo que el fiscal ha podido probar es que estos muchachos usan el cabello largo y trajes de pachucos. Lo demás ha sido evidencia circunstancial, rumores e histeria de la guerra. La fiscalía ha intentado hacerles creer que son una especie de gángsteres inhumanos. Pero, aún así, son norteamericanos. Si los declaran culpables de algo más que una riña juvenil a puñetazos, estarán condenando a toda la juventud norteamericana. Declárenlos culpables de homicidio y estarán matando el espíritu de justicia racial en Norteamérica. (GEORGE *se sienta.*)

JUEZ: El jurado se retirará a considerar su veredicto. (PRENSA *se levanta y empieza a salir junto con el* OFICIAL. EL PACHUCO *chasquea los dedos. Todos se congelan.*)

PACHUCO: Chale. Denlo de una vez. (*Chasquea los dedos de nuevo.* PRENSA *gira y regresa nuevamente.*)

JUEZ: ¿El jurado ya tiene el veredicto?

PRENSA: Lo tenemos, Señoría.

JUEZ: ¿Cuál es?

PRENSA: Encontramos a los acusados culpables de homicidio en primero y segundo grados.

JUEZ: Que se pongan de pie los acusados. (*Los batos se ponen de pie.*) Henry Reyna, José Castro, Thomas Roberts, Ismael Torres y los demás. Han sido juzgados por sus propios semejantes y se les declara culpables de homicidio en primero y segundo grados. La ley exige la pena capital para este delito. Sin embargo, en vista de su juventud y en consideración a sus familias, es voluntad de este tribunal que sean sentenciados a cadena perpetua.

RUDY: ¡No!

JUEZ: . . . y enviados a la penitenciaría estatal en San Quintín. Se levanta la sesión. (*JUEZ golpea el mazo y sale.* DOLORES, ENRIQUE *y su familia van hacia* HENRY. BERTHA *cruza hacia* JOEY. LUPE *va hacia* TOMMY. ELENA *cruza hacia* SMILEY. GEORGE *y* ALICE *conversan.*)

DOLORES: ¡Hijo mío! ¡Hijo de mi alma! (*El* OFICIAL *va escena abajo con un par de esposas.*)

OFICIAL: Okay, jóvenes. (*Le coloca las esposas a* HENRY. RUDY *sale.*)

RUDY: ¿Carnal? (HENRY *mira al* OFICIAL, *quien le da permiso.* HENRY *abraza a* RUDY *con la esposas puestas.* GEORGE *y* ALICE *se aproximan.*)

GEORGE: ¿Henry? No pretendo saber cómo te sientes, hijo. Sólo quiero que sepas que nuestra lucha apenas ha empezado.

ALICE: Quizás perdimos esta decisión, pero vamos a apelar inmediatamente. Estaremos en pie de lucha hasta que tu nombre quede completamente limpio. ¡Te lo juro!

PACHUCO: ¿Qué diablos van a hacer, ése? Te acaban de enviar a prisión de por vida. Cuando un mexicano cae al bote, jamás sale.

OFICIAL: ¿Muchachos? (*Los* MUCHACHOS *salen con el* OFICIAL. *Mientras ellos salen* ENRIQUE *les grita.*)

ENRIQUE: (*Aguantando las lágrimas.*) Hijo. Sé un hombre, hijo. (*A su familia.*) Vámonos . . . ¡Vámonos! (*La familia se marcha y El* PACHUCO *camina lentamente al centro del escenario.*)

PACHUCO: Vamos a tomar un corto descanso, así que pueden salir a echar el agua o a fumar un frajo. Ahí los watcho. (*Sale por centro arriba y el telón de periódico desciende.*)

SEGUNDO ACTO
PRÓLOGO

Se encienden las luces y EL PACHUCO *emerge de las sombras. El telón del periódico todavía está abajo. Música.*

PACHUCO:

Watchamos pachucos
los batos
los tipos
los guerreros de las esquinas de las calles,
quiénes lucharon y se movieron
como soldados desconocidos en sus propias guerras.
El pueblo de Los Ángeles fue el campo de batalla,
desde Sleepy Lagoon hasta las guerras entre los pachucos,
marines y marineros que hicieron de las suyas
marchando en filas como nazis sobre el este de Los Ángeles.
Pero, ¿saben qué?
Eso sucederá después. Vámonos a la prisión.
Empezaremos esta escena dentro de los muros de San Quintín.

1. SAN QUINTÍN

Una campana suena mientras se levanta el telón. HENRY, JOEY, SMILEY *y* TOMMY *entran acompañados por un* GUARDIA.

GUARDIA: Muy bien, gente, a encierro. (*Los* MUCHACHOS *se desplazan escena abajo en cuatro direcciones. Se detienen en las "celdas" marcadas simplemente por sombras de barras proyectadas sobre el piso y en lugares separados. Los paquetes de periódicos yacen sobre el piso a manera de catres. Sonido de celdas que se cierran. El* GUARDIA *camina de regreso y se sitúa al fondo del escenario.*)

HENRY:

San Quintín, California.
3 de marzo de 1943

Querida familia:

En la noche, cuando regresamos del patio de la prisión, nos encierran rápidamente en nuestras celdas. Entonces el sonido metálico del seguro de las puertas nos deja con una sensación como de vacío. Uno está parado cerca de la puerta de hierro, esperando que el guardia venga más tarde para hacer su ronda, y escuchas cómo sus pasos se van perdiendo a lo lejos, en la distancia. Se siente luego una calma tensa que parece arrastrarse sobre las paredes de la celda. Te das cuenta que estás solo, completamente solo.

PACHUCO: Todo esto suena, más bien, trágico, ¿no?

HENRY: Pero aquí viene el guardia de nuevo y dice en voz alta nuestros números . . .

GUARDIA: (*Dice los números y ellos responden con su apellido.*) 24-545

HENRY: ¡Reyna!

GUARDIA: 24-546

JOEY: ¡Castro!

GUARDIA: 24-547

TOMMY: ¡Roberts!

GUARDIA: 24-548

SMILEY: ¡Torres! (*El* GUARDIA *les lanza unas cartas y sale por arriba izquierda.*)

HENRY: Saltas para recoger la carta . . .

JOEY: (*Emocionado.*) O quizás muchas cartas . . .

TOMMY: Te emocionas mucho cuando rasgas el sobre de la carta.

SMILEY: El censor ya rompió el sello al leerlas.

HENRY: Haces un ejercicio mental para ver si reconoces la letra manuscrita del sobre.

SMILEY: (*Ansioso.*) Siempre es bueno saber algo de nuestro hogar . . .

JOEY: O de un camarada cercano . . .

TOMMY: De los amigos que tienes afuera . . .

HENRY: O quizás es de algún extraño . . . (*Pausa. Una luz centro arriba.* ALICE *camina vestida informalmente. Su cabello está peinado con coletas y usa tramos. Está alegre.*)

2. LAS CARTAS

ALICE:

Queridos, muchachos,
Les anuncio la publicación (mimeografiada) de *Appeal News* (Noticias de apelación) . Ya cuentan con su propio boletín de noticias, que les será enviado dos veces al mes con el fin de mantenerlos bien informados de todo —los avances del comité de defensa de Sleepy Lagoon (ahora tenemos un nombre) y, por supuesto, la cuestión de su apelación.

Firmado,
Su editor,
Alice Bloomfield

(*Música. "Perdido" de Duke Ellington. ALICE camina escena abajo y se sienta en la orilla de la plataforma del fondo de la escena. Los MUCHACHOS empiezan a mover el bate, juegan al baloncesto, boxean al aire y se ejercitan. ALICE mima como si mecanografiara y se escuchan los sonidos de una máquina de escribir. La música sale. ALICE se levanta.)*

ALICE: *Appeal News,* Volumen I. Número I.
7 de abril de 1943.

Muchachos:

Ustedes pueden y deben, ayudarnos en el exterior a partir de lo que hacen en el interior. No olviden que lo que hacen afecta a otros. No tienen ningún control sobre esto. Cuando llegue el momento, debemos estar orgullosos al mostrar su expediente.

Firmado,
Su editora

(*Música de nuevo. Los MUCHACHOS realizan sus actividades. ALICE se mueve escena centro abajo y la música se desvanece.)*
SMILEY: *(Caminando hacia ella.)*
10 de abril de 1943.
Querida señorita Bloomfield:

Mi esposa me dijo que la ha estado llevando de puerta en puerta en campañas para conseguir fondos por Los Ángeles. Ella no se atreve a decirle lo mal que se siente haciendo eso. No es nuestra costumbre andar pidiendo dinero en las casas.

ALICE: (*Volviéndose hacia* SMILEY.)

Querido Smiley,

Por supuesto que entiendo cómo se sienten . . .

SMILEY: (*Firme.*) No quiero que mi mujer ande rogando.

ALICE: No está rogando, es para conseguir fondos para la campaña.

SMILEY: No me importa cómo lo llame. Si eso es lo que está haciendo para conseguirlo, no cuente conmigo.

ALICE: Está bien. No la molestaré si ella realmente no quiere hacerlo. ¿Okay? (SMILEY *la mira y regresa a su posición escena arriba. Música. Los batos se mueven otra vez.* TOMMY *cruza hacia* ALICE. *Otro fundido.*)

TOMMY:

18 de abril de 1943.

Querida Alice,

He intentado encontrar las palabras y la forma para poder agradecerte el esfuerzo que estás haciendo por mí y por el resto de los batos, pero me doy cuenta de que tengo un vocabulario muy pobre . . .

ALICE:

Querido Tommy,

Tu vocabulario está bien. Es mejor que el de la mayoría.

TOMMY: ¿Mayoría de qué . . . ?

ALICE: De gente.

TOMMY: (*Echándolole un vistazo a* HENRY.) Éste, escucha, Alice. No quiero ser tratado de modo diferente que el resto de los batos, ¿me entiendes? Y tampoco esperes que te hable como un anglo cuadrado, como un pinche gabacho. Vale más que descubras qué significa ser chicano, y que lo descubras ya.

ALICE: Mira, Tommy, yo no . . .

TOMMY: Sé lo que estás tratando de hacer por nosotros y está padre, ¿sí? Mierda. Muchos bolillos quisieran vernos encerrados para siempre. Yo he estado en la cárcel un par de veces, pero nunca por algo tan canijo. Fue extraño, ¿no? El juicio, en Los Ángeles. Realmente no sé qué pasó o por qué. Fue una mierda lo que decían esos papeles. No hicimos ni la mitad de las cosas que leí. También sé que estoy aquí porque ando con los mexicanos . . . o los pachucos. Bueno, recuerda esto, Alice . . . crecí con la mayoría de estos batos y también soy pachuco. ¡Simón, ésa, más vale que lo creas! (*Se escucha música. Movimiento.* TOMMY *regresa a su posición.* HENRY *se levanta.* ALICE *se vuelve hacia* ÉL, *pero éste camina por atrás del* PACHUCO, *dándole la espalda a* ELLA.)

JOEY: (*Caminando adelante ansiosamente.*)

1 de mayo de 1943.

¡Querida, Alice . . . ! ¡Querida!

No puedo evitar estar pensando todo el tiempo en ti . . . ¿Qué tal si nos mandas tu retra, es decir, tu fotografía? ¡Aunque a Tommy le gustaría una de Rita Hayworth, siempre anda tras las faldas mexicanas. (¡Ja! ¡Ja!) Yo preferiría ver tu dulce carita cualquier día de estos.

ALICE: (*Directamente hacia él.*)

Querido Joey,

Muchísimas gracias. Me encantó de verdad recibir tu carta.

JOEY: ¡Es todo, abuela! ¿No te importaría si te llamo abuela?

ALICE: Oh, no.

JOEY: Eres una ruca de aquéllas.

ALICE: ¿Que soy qué?

JOEY: Ruca. Una mamacita.

ALICE: (*Pronuncia la palabra.*) ¿Ruca?

JOEY: De aquéllas. (*Hace un gesto chido, palmas hacia fuera a la altura de la cadera.*)

ALICE: (*Imitándolo.*) De aquéllas.

JOEY: Muy bien. La pescaste. (*Pausa.*) P.D. ¿Se te olvidó la fotografía?

ALICE: (ELLA *se la da.*)

Mi muy querido Joey,

Por supuesto que no. Aquí está, junto con una copia de *Appeal*

News. Me temo que no es muy atractiva.

JOEY: (*Besando la foto.*) ¡Alice, linda, eres una muñeca! (JOEY *muestra la foto a* SMILEY, *entonces* TOMMY, *quien tiene bastante curiosidad entra en el círculo.* ALICE *mira a* HENRY, *pero* ÉL *continúa ignorándola.*)

ALICE: (*Regresando al centro.*)
Appeal News. Volumen I, Número III
5 de mayo de 1943.
Queridos muchachos,
Siendo que el Cinco de Mayo es un día muy apropiado, el programa de radio de CIO, "Nuestro Pan Diario", esta noche dedicará todo su tiempo a la discusión de la discriminación contra los mexicanos en general y, en particular, contra ustedes.

(*Entra la música. El recibimiento entre* ALICE *y los batos ahora es amistoso y cálido. Incluso* SMILEY *está sonriendo con* ALICE. *Ellos checan sus "garras".*)

3. EL INCORREGIBLE PACHUCO

HENRY *permanece en izquierda abajo del escenario, mira al grupo y después decide hablar.*

HENRY:
17 de mayo de 1943.
Querida señorita Bloomfield,
Sé que vas a venir el fin de semana a San Quintín y quisiera hablar contigo . . . en privado. ¿Puedes arreglarlo?
(*Los batos dan vuelta y se alejan, tomándolo como una indirecta.*)

ALICE: (*Con impaciencia.*) Sí, sí, claro. ¿Qué puedo hacer por ti, Henry? (HENRY *y* ALICE *caminan hacia delante para encontrarse.* EL PACHUCO *se acerca.*)

HENRY: ¿Por mí? ¡Ni madre!

ALICE: (*Confundida.*) No entiendo.

HENRY: Quiero que seas la primera en saber una cosa, Alice. Voy a dejar la apelación.

ALICE: (*Incrédula.*) ¿Que vas a qué?

HENRY: ¿Qué no estás oyendo? Dejaré la apelación, ¿sí?

ALICE: Henry, no puedes.

HENRY: ¿Por qué no puedo?

ALICE: ¡Porque destruirás todo nuestro caso! Si no presentamos un frente unido, ¿cómo podemos pedirle al público que nos apoye? HENRY: Ése es tu problema. Yo nunca te pedí tu apoyo. Pueden seguir sin mí.

ALICE: (*Poniéndose nerviosa y ansiosa.*) Henry, por favor, piensa en lo que estás diciendo. Si dejas el caso, lo más seguro es que los muchachos te sigan. ¿Cómo puedes pensar en dejar la apelación? ¿Qué hay de George y toda la gente que ha contribuido con su tiempo y dinero desde hace meses? ¡No puedes deshacerte así de ellos!

HENRY: ¿Oh no? Mírame.

ALICE: Si pensabas hacerlo, ¿por qué no me lo dijiste antes?

HENRY: ¿Por qué no me preguntaste? ¿Crees que puedes andar de entrometida y defender a cualquiera no más porque sí? A ver, ¿cuándo te pedí que formaras un comité de defensa para mí? ¿O un periódico? ¿O hacer una campaña para reunir fondos y toda esa mierda? Yo no necesito que me defiendas, ésa. Yo puedo valerme por mí mismo.

ALICE: ¿Pero qué hay del juicio, la sentencia? ¿No te dieron cadena perpetua?

HENRY: ¡Es mi vida!

ALICE: Henry, honestamente, ¿estás bromeando?

HENRY: ¿Eso crees?

ALICE: Me has visto ir y venir. Escribirte, hablar por ti, viajar de un lado a otro del estado. Debiste saber que todo lo que estaba haciendo era por ti. Nada había ocurrido antes de que me involucrara, de que me interesara, de que me apasionara por este caso. Mis muchachos han sido todo para mí.

HENRY: ¿Mis muchachos? ¡Mis muchachos! ¿De dónde demonios sacas que somos de tu propiedad? Quiero que te quede claro: Yo no soy tu muchacho.

ALICE: Sabes que nunca lo dije con esa intención.

HENRY: ¿Piensas que no lo he visto a través de toda tu mierda? Siempre tan preocupada. Vamos, muchachos. Hablen, muchachos. Levántense por su gente. ¡Sabes qué, deja a mi gente en paz! ¿No puedes entenderlo?

ALICE: No, no puedo entenderlo.

HENRY: Nada más estás usando a los mexicanos para jugar a la política.

ALICE: Henry, es lo peor que alguien me ha dicho.

HENRY: ¿A quién vas a ayudar después, a la gente de color?

ALICE: No, de hecho, ya he ayudado a la gente de color. ¿Y tú, qué vas a hacer después, ir a la cámara de gas?

HENRY: ¿Qué demonios te importa?

ALICE: ¡No me importa!

HENRY: ¡Entonces lárgate de aquí!

ALICE: (*Furiosa.*) ¿Crees que eres el único que no quiere ser molestado? Deberías intentar trabajar en la oficina de defensa de Sleepy Lagoon durante algunos meses. Todo el regateo, las pequeñas discusiones, la falta de cooperación. He querido salirme miles de veces. ¿Qué demonios estoy haciendo aquí? Vienen a mí de todas partes. "Eres demasiado sentimental y emocional, Alice". "Tienes el corazón de piedra, Alice". "Estás juntando dinero para dárselo a los abogados, mientras las familias se mueren de hambre." "¡Dicen que no eres de fiar porque eres comunista, porque eres judía!" ¡Okay! ¡Si eso es lo que piensan de mí, entonces al diablo con ellos! Yo también los odio. ¡Odio su idioma, odio sus enchiladas y odio su maldita música de mariachi! (*Pausa. Se miran.* HENRY *sonríe,* ALICE *se siente tonta, y ambos estallan en risas.*)

HENRY: ¡Muy bien! Ahora ya pareces sincera.

ALICE: Así es.

HENRY: ¡Bien! Ahora estamos hablando derecho.

ALICE: Me imagino que me he comportado como una "bolilla puritana". Pero, tú no has sido exactamente un bato de aquéllas . . . ése.

HENRY: Bueno, digamos que estamos a mano.

ALICE: De acuerdo, ¿y ahora qué?

HENRY: ¿Por qué no hacemos las paces, te parece?

ALICE: ¿Puedo decirle a George que seguirás en la apelación?

HENRY: Sí. Sé que hay mucha gente afuera que quiere y está tratando de ayudarnos. Gente que siente que nos condenaron injustamente. Gente como George . . . y tú. Bueno, la próxima vez que los veas diles que Hank Reyna les manda dar las gracias.

ALICE: ¿Por qué no se los dices tú?

HENRY: ¿Estás tratando de jugar otra vez conmigo?

ALICE: Si escribes un artículo —y sé que puedes— lo publicaremos en el *People's World*. ¿Qué dices?

PACHUCO: ¡Artículo! ¿Pos quién te dijo que podías escribir, ése?

HENRY: (*Risas.*) Chale.

ALICE: Hablo en serio. ¿Por qué no lo intentas?

HENRY: Lo pensaré. (*Pausa.*) ¿Oye, crees que podríamos escribirnos, fuera del boletín de noticias?

ALICE: Seguro.

HENRY: Entonces es un trato. (*Se estrechan las manos.*)

ALICE: Estoy contenta porque vamos a estar comunicándonos. Creo que vamos a ser muy buenos amigos. (ALICE *lleva sus manos al hombro de* HENRY *en un gesto de camaradería.* HENRY *pone su mano encima de las de ella.*)

HENRY: ¿Tú crees?

ALICE: Lo sé.

GUARDIA: Se acabó el tiempo, señorita.

ALICE: Me voy. Piensa en el artículo, ¿okay? (ELLA *se vuelve hacia los* MUCHACHOS.) Me voy, muchachos.

JOEY: ¡Adiós, ruca! Saluda a Bertha.

SMILEY: ¡Y a mi esposa!

TOMMY: ¡Dale mi amor a Lupe!

GUARDIA: ¡Tiempo!

ALICE: Me tengo que ir. Adiós, adiós. (ALICE *sale escoltada por el* GUARDIA *por izquierda arriba. Mientras* ELLA *se va,* JOEY *le grita.*)

JOEY: Nos vemos, Abuela.

TOMMY: (*Girando hacia* JOEY *y* SMILEY.) Ella me ama.

PACHUCO: ¿Ya se te olvidó lo qué pasó en el juicio? ¿Crees que la corte de apelación es diferente? Será el mismo juez bolillo sentado sobre sus nalgotas decidiendo tu destino.

HENRY: Vamos, ése, déjame descansar.

PACHUCO: ¡Aquí viene . . . un descanso! (ÉL *chasquea los dedos. El* GUARDIA *sopla su silbato.*)

GUARDIA: ¡Tiempo de descanso! (*Los batos caminan escena arriba hacia la plataforma más alta. Música. Los* MUCHACHOS *expresan con mímica un juego de pelota contra el fondo. Durante el juego,* GEORGE *entra por la derecha hacia escena abajo, cargando su portafolio. El* GUARDIA *sopla el silbato y el juego se suspende.*)

GUARDIA: ¡Reyna, Castro, Roberts, Torres! Tienen visita.

4. EL DEFENSOR GEORGE

Los MUCHACHOS *se vuelven y ven a* GEORGE. ELLOS *caminan escena abajo con entusiasmo.*

JOEY: ¡Óra-le! ¡Ése!

SMILEY: ¡George!

GEORGE: ¡Hola, muchachos! (*Los* MUCHACHOS *le dan la mano, le palmean la espalda.* HENRY *se acerca a él al último.*) ¿Cómo va todo? Se están poniendo en forma, ¿eh?

JOEY: Ése, estás mirando al héroe del programa atlético de San Quintín. ¿Verdad, batos? (*Boxea al aire.*)

TOMMY: Diez rounds con un tobillo reventado.

JOEY: ¡Simón! Y gané el combate, también. Soy el terror de los pesos moscas, ése. ¡La mosca asesina!

TOMMY: Nos tienen haciendo de todo. Béisbol, baloncesto.

SMILEY: Reparación de relojes.

GEORGE: (*Impresionado.*) ¿Reparación de relojes?

SMILEY: También estoy mejorando mi inglés y aritmética.

GEORGE: El director Duffy tiene un programa completo. Escuché que es un buen hombre.

JOEY: Simón, es un buen hombre. Hemos aprendido nuestra lección
. . . Bueno, de cualquier forma, he aprendido mi lección. Se
acabó el pachuquismo para mí. Demasiadas personas dependen
de que nosotros cooperemos. La raza aquí en Los Ángeles . . .
Todo el sudoeste. ¡México, Suramérica! Como tú y la abuela
dicen, así es el mundo de la gente. Si nos sacas de aquí, calculo
que la única cosa que podría hacer sería convertirme en un orga-
nizador sindical. O entrar a la liga mayor de béisbol.

GEORGE: ¿De béisbol?

JOEY: Simón, ése. Estás mirando al primer Babe Ruth mexicano.

TOMMY: ¿Qué les parece "Babe Zooter"?

JOEY: Genial, Jackson.

GEORGE: ¡Babe Zooter!

JOEY: Genial socio, eso sí que está padre, ése.

GEORGE: ¿Qué hay de ti, Henry? ¿Qué has estado haciendo?

HENRY: Tiempo, George, he estado haciendo tiempo.

TOMMY: ¿Verdad?

SMILEY: ¡Sí, George! ¿Cuándo nos vas a sacar de aquí, ése?

HENRY: ¿Cómo va la apelación?

GEORGE: (*Poniéndose serio.*) Ahí va. Ha habido un cierto progreso
del que les tengo que hablar. Pero fuera de eso . . .

HENRY: Fuera de eso, ¿qué?

SMILEY: (*Pausa.*) ¿Malas noticias?

GEORGE: (*Evasivo.*) Todo depende de cómo lo veas, Smiley. En
realidad esto no cambia nada. El trabajo sobre el informe va
prácticamente al día. El asunto es que, aún con varios abogados
trabajando en el caso, faltan muchos meses antes de darle car-
petazo. Más vale ser honesto.

HENRY: (*Suspicazmente.*) ¿Ésta es la mala noticia?

GEORGE: No exactamente. Siéntense, muchachos. (*Pausa. Ríe para
sí.*) Realmente no quiero darle más importancia de la que tiene.
El hecho es que yo mismo aún no me acostumbro a la idea.
(*Pausa.*) Es que . . . he sido reclutado.

JOEY: ¿Reclutado?

TOMMY: ¿En el ejército?

SMILEY: ¿Tú?

GEORGE: Así es. Me voy a la guerra.

JOEY: Pero . . . ya estás viejo.

HENRY: (*Preocupado.*) ¿Por qué tú, George? ¿Por qué te escogieron a ti?

GEORGE: Sabes, Henry, no creo que me hayan "escogido". Hay muchos hombres de mi edad en ultramar. Después de todo, estamos en guerra y . . .

HENRY: ¡Tú estás llevando nuestra apelación!

GEORGE: (*Pausa.*) Tenemos otros abogados.

HENRY: ¡Pero eres el único que conoce el caso!

GEORGE: (*Pausa.*) Sabía que esto iba a ser duro para ti. Créeme, Henry, mi reclutamiento no tiene nada que ver con el caso. Sólo es una coincidencia.

HENRY: ¿Cómo lo es también estar aquí de por vida?

GEORGE: No, esto es otra . . .

HENRY: ¿Cómo también ser perseguidos cada maldito día de nuestra vida?

GEORGE: Henry . . . (HENRY *se aleja furioso. Pausa.*) Es inútil que te enojes, hijo, créeme. Me halaga tu interés por mí pero no soy indispensable.

HENRY: (*Profundamente perturbado.*) ¿De qué rayos estás hablando, George?

GEORGE: Estoy hablando de toda la gente que intenta sacarlos. Cientos, quizás miles. Alice y yo no somos los únicos. Tenemos un excelente equipo de abogados que trabajan en su caso. Con o sin mí la apelación se ganará. Se los prometo.

HENRY: Lo dudo, George.

GEORGE: Sé que parece poco convincente en estas circunstancias, pero es cierto.

HENRY: Esos policías de mierda nunca nos van a dejar salir. Aquí nos quedaremos para siempre.

GEORGE: ¿De veras crees eso?

HENRY: ¿Qué esperas que crea?

GEORGE: Quisiera poder contestarte, hijo, pero si eso es lo tú crees . . .

GUARDIA: Tiempo, abogado.

GEORGE: Ya voy. (*Voltea hacia los otros.*) Escuchen, muchachos, no sé en qué parte del mundo estaré cuando ganen su apelación —y la ganarán— tal vez esté en el Pacífico o en Europa o en cualquier agujero sucio . . . Cuídense mucho . . .

TOMMY: Hasta luego, George.

SMILEY: Adiós, George.

JOEY: Adiós, ése.

GEORGE: Sí. Hasta luego. (*Pausa.*) Adiós, Henry. Suerte y que Dios te bendiga.

HENRY: A ti también, George. Cuídate.

TOMMY: Oye, George, cuando vuelvas de la guerra, te llevaremos fuera de la ciudad y fumaremos hierba.

JOEY: ¡Te conseguiremos un par de nalgas que puedas agarrar con tus propias manos!

GEORGE: Lo tomaré en cuenta. (*El* GUARDIA *lo escolta, él se vuelve hacia ellos.*)

GUARDIA: Muy bien, tienen nuevas tareas. Todos a reportarse al molino del yute. ¡Vámonos! (SMILEY, JOEY *y* TOMMY *empiezan a salir.* HENRY *se retrasa.*) ¿Qué pasa contigo, Reyna? ¿Tienes plomo en los pantalones? Dije, vámonos.

HENRY: Íbamos a trabajar en el comedor.

GUARDIA: Tienes una nueva tarea.

HENRY: ¿Desde cuándo?

GUARDIA: Desde ahora. ¡Ve a hacerla!

HENRY: (*Retrasándose.*) ¿Ya lo sabe el director?

GUARDIA: ¿Qué demonios te importa? ¿Te crees que eres algo especial? Vamos, bola de grasa. ¡Muévete!

HENRY: ¡Hazme, bastardo!

GUARDIA: Oh sí. (*El* GUARDIA *empuja a* HENRY. HENRY *le devuelve el empujón. Los batos reaccionan cuando el* GUARDIA *le pone a* HENRY *la macana en el cuello. Los* MUCHACHOS *van a defender a* HENRY.*) ¡Deténganse!

HENRY: (*A los batos.*) ¡Deténganse! ¡Deténganse! No sean estúpidos.

GUARDIA: Okay, Reyna, ¡te ganaste el aislamiento! ¿Bastardo, eh? ¡Al hoyo! (*El* GUARDIA *arroja a* HENRY *al centro del esce-*

nario. Las lucen bajan. Sólo queda un área iluminada.) En fila, bolas de cebo. ¡Muévanse! (*Mientras ellos marchan.*) ¡Aprisa! ¡Aprisa! Van muy lento. Muévanse. Muévanse. Muévanse. (Los MUCHACHOS *salen con el* GUARDIA.)

5. AISLAMIENTO

Un solo de saxofón crea el ambiente.

PACHUCO: Qué pena, ése. Te engañó de nuevo.

HENRY: (*Pausa larga. Mira a su alrededor.*) Aislamiento, ése . . . me dieron aislamiento. (*Se sienta en el piso, triste.*)

PACHUCO: Mejor acostúmbrate, carnal. Así de estrecho va a estar esto, ¿ves? Ya te quedaste aquí de por vida, bato.

HENRY: No puedo aceptarlo, ése.

PACHUCO:
Tienes que, Hank . . .
sólo esta realidad es verdadera ahora,
sólo este lugar es verdadero,
sentado en la celda solitaria de tu voluntad.

HENRY: No puedo ver mis manos.

PACHUCO:
Entonces dile a tus ojos que olviden la luz, ése.
Sólo existe el piso duro, carnal.
Solamente el borde duro frío de esta realidad
y no hay tiempo . . .
Cada segundo es una gota cruda de sangre de tu cerebro
que debes tragar
gota tras gota
y no empieces a contar
o perderás la razón.

HENRY: ¡Tengo que saber por qué estoy aquí, ése! Debe haber una razón para estar aquí.

PACHUCO: Estás aquí, Hank, porque lo elegiste, porque protegiste a tu hermano y a tu familia. Y nadie sabe el valor de ese esfuerzo mejor que tú, ése.

HENRY: Los extraño, ése . . . a mis jefitos, a mi carnalillo, a mi hermanita . . . Extraño a Dela.

PACHUCO: (*Una luz ilumina a su familia, escena arriba;* EL PACHUCO *chasquea los dedos.*)

¡Olvídalos!
Olvídalos a todos.
Olvida a tu familia y al barrio
que está del otro lado.

HENRY: Aún hay chance de salir.

PACHUCO: No lo creo.

HENRY: ¡Estoy hablando de la apelación!

PACHUCO: ¡Y yo hablo de lo que es real! ¿Qué te traes, Hank? ¿No has aprendido todavía?

HENRY: ¿Aprender qué?

PACHUCO:
A no esperar justicia donde no la hay.
Ninguna corte del mundo te dejará libre.
¡Aprender a proteger a tus amores cubriéndolos
en odio, ése! Deja de tener falsas esperanzas.
El momento de la esperanza se resquebrajó,
te verás a ti mismo en el suelo echando espuma
por la boca. ¡Como loco!

HENRY: (*Volviéndose a él, furioso.*) ¿Sabes qué? No me digas nada. A mí nadie me dice lo que tengo que hacer. ¡Vete a la chingada! ¡Vete a la chingada! (HENRY *le da la espalda al* PACHUCO. *Larga pausa. Intenso momento de ansiedad.* EL PACHUCO *rompe la tensión con un gesto satírico. Extiende sus brazos hacia fuera y ríe.*)

PACHUCO:
¡Órale pues!
¡No tomes esta pinche obra tan seriamente, Jesús!
¡Es puro vacilón!
Watcha.
(*Chasquea los dedos. La luz cambia. Oímos los sonidos de la ciudad.*)

Ésta es Los Ángeles, carnal.

¿Quieres ver justicia para los pachucos?

Checa qué está pasando ahora en tu casa.

¡La marina ha llegado, ése . . .

de licencia y llenos de dinero

y la guerra ha estallado en las calles de Los Ángeles!

6. ALBOROTO DE PACHUCOS

Escuchamos música: la llamada de corneta "Bugle Call Rag".
Repentinamente el escenario se inunda con luces de colores. La ciu-
dad de Los Ángeles aparece en el fondo en una vista panorámica de
las luces que afilan en el horizonte de la noche. Los MARINEROS
y las MUCHACHAS *bailan el jitterbug en la pista de baile. Es el*
salón de baile de Avalon. La música es candente, la danza lo es más.
EL PACHUCO *y* HENRY *permanecen a un lado.*

La escena es de danza y mayormente pantomima. De vez en
cuando se escuchan palabras sobre la música que es muy ruidosa. En
la pista hay dos MARINEROS (SWABBIE *es uno) y un* MARINE
que bailan con las MUCHACHAS. *Un* POLICÍA DE LA MARINA
habla con una MUCHACHA *que vende cigarros. Un* PADROTE
entra y mira la acción. LITTLE BLUE *y un* ZOOTER *también están*
en la pista. RUDY *entra vestido con el traje de pachuco de* HENRY,
con BERTHA *y* LUPE. LUPE *les toma una fotografía, y luego los*
tres se desplazan centro arriba a la parte trasera del salón de baile.
El CHOLO *llega abajo centro, los ve y camina escena arriba. Los*
cuatro hacen su entrada a la pista de baile.

El MARINE *hace a un lado a su chica después de pagarle.*
ELLA *le da el dinero al* PADROTE. *Los* MARINEROS *intentan*
coquetear con LUPE *y* BERTHA, *y el* CHOLO *empuja a uno de*
ellos. Los MARINEROS *se quejan con el* POLICÍA DE LA MARI-
NA, *quien arroja al* CHOLO *a la puerta que está abajo centro. Hay*
una discusión a la que RUDY *se une. Los* MARINEROS *regresan*
con BERTHA *y* LUPE, *quienes se resisten. El* CHOLO *y* RUDY *van*
a defenderlas y se desata una pelea. El ZOOTER *y* LITTLE BLUE
se dividen. El CHOLO *se lleva a las* MUCHACHAS *y* RUDY *saca*

una navaja. Cuando encara a los tres MARINEROS *y al* MARINE, EL PACHUCO *congela la acción.*

PACHUCO: (*Enérgicamente.*) ¡Órale, ya basta! (EL PACHUCO *toma la navaja de* RUDY *y con un golpecito lo envía fuera del escenario.* RUDY *sale con las* MUCHACHAS. EL PACHUCO *encara a los furiosos* MILITARES. *Chasquea los dedos.* PREN-SA *entra rápidamente a la señal de una emisión de radio.*)

PRENSA: Buenas noches, señor y señora, Norte y Suramérica y a todas las naves del mar. Vamos a informar. FLASH. Los Ángeles, California, 3 de junio de 1943. Un fuerte alboroto estalló hoy aquí mientras escuadrones de marinos y de soldados se unieron a la marina en un nuevo asalto sobre distritos infestados de pachucos. Una flota de veinte taxis transportó a unos doscientos militares que vinieron del arsenal naval de Chavez Ravine esta noche y montaron un destacamento de fuerzas que invadió el barrio del lado este. (*Descongelamiento. Los siguientes textos se dan simultáneamente.*)

TIPO: ¿Tienes huevos en esos ridículos pantalones, muchacho?

MARINERO: Se cree muy fuerte . . .

SWABBIE: ¿Qué opinas, cabezón? ¿Eres un tipo fuerte o sólo un pobre tramposo?

PRENSA: Los pachuchos, esos grasosos golfillos . . .

PACHUCO: (*Cortándolos.*) Por qué no les dices quién soy realmente, ése, o cómo fue que te prohibieron usar esa palabra . . .

PRENSA: Obedecemos por el interés de la guerra.

PACHUCO: ¿Cómo han obedecido?

PRENSA: Estamos utilizando otros términos.

PACHUCO: Como "pachuco" y "Zoot Suit".

PRENSA: ¿Qué tiene de malo? La ola criminal de los pachucos está empezando a desplazar de las primeras páginas a la guerra.

PACHUCO:

La prensa distorsionó el significado de la palabra "Zoot Suitor".

Para ustedes es otra forma de decir mexicano.

Pero el ideal del chuco original

era lucir como un diamante,

lucir filoso,
con estilo
bonarú
encontrar una forma de sobrevivencia en la ciudad
en las faldas rurales y las cercanías
de la metrópoli bronceada de Los Ángeles, cabrón.

PRENSA: Es una afrenta al buen gusto.

PACHUCO: Como los mexicanos, los filipinos y los negros que los usan.

PRENSA: ¡Sí!

PACHUCO: Incluso los blancos, los wops y los judíos están usando esa ropa.

PRENSA: ¡Tratan de mejorar a los blancos exagerando la ropa de ellos!

PACHUCO:
Porque todos saben
que los mexicanos, filipinos y negros
pertenecen al guarache
y al sombrero
de paja y al sucio overol.

PRENSA: Ustedes son unos salvajes que ni siquiera usaban ropa cuando los blancos los sacaron de la selva.

MARINE: Mis padres van sin collares y puños para que ustedes puedan usar esa mierda.

PRENSA: ¡Te estás pasando, te estás pasando demasiado. Basta!

PACHUCO: ¿Por qué?

PRENSA: ¿No sabes que hay una guerra? ¿No saben que no pueden seguir con esa maldita mierda? ¿Por qué estamos peleando si no es por aniquilar a los enemigos del estilo de vida americano?

TIPO: ¡Vamos a arrancarle esas garras!

MARINEROS/MARINE: ¡Vamos a encuerarlo! ¡Atrápenlo!

PRENSA: ¡¡MATEN AL MALDITO PACHUCO!! (*Música: "American Patrol" de Glenn Miller. PRENSA toma un reflector de centro arriba, mientras que los* CUATRO MILITARES *acorralan a* EL PACHUCO.)

MARINERO: Hey, pachuco. ¡Ven acá, pachuco!

SWABBIE: ¿Piensas que eres más importante que la guerra, pachuco?

TIPO: Vamos a ver si tienes huevos en tus ridículos pantalones, muchacho.

SWABBIE: Cuidado con la navaja.

MARINERO: Su traje es de un verdadero chango.

TIPO: Apuesto a que es medio chango como los filipinos y los negros que lo usan.

SWABBIE: ¿Tratas de superar a los blancos con trapos alegres, Mex? (*Ahora luchan hasta el final. EL PACHUCO es vencido y desnudado mientras HENRY mira impotente desde su posición. PRENSA y MILITARES sacan pedazos de traje de EL PACHU- CO. EL PACHUCO se pone de pie. La única ropa que per- manece en su cuerpo es un taparrabo pequeño. ÉL se vuelve y mira a HENRY con intensidad mística. ÉL abre los brazos mientras un caracol azteca resuena. ÉL se pierde entre las som- bras caminando hacia atrás con una tranquilidad poderosa. Silencio. HENRY llega escena abajo. Absorbe el impacto de lo que ha visto y cae de rodillas en centro escena, desgastado y exhausto. Las luces bajan.*)

7. ALICE

El GUARDIA *y* ALICE *entran por lados opuestos del esce- nario. El* GUARDIA *lleva un puñado de cartas y lee una.*

GUARDIA: 2 de julio de 1943.

ALICE:

Querido, Henry,

Espero que al recibir esta carta te encuentres bien de salud y de ánimo. Asumo que has oído hablar de los alborotos en Los Ángeles. Fue una pesadilla y duró una semana. La ciudad todavía está en estado de shock.

GUARDIA: (*Dobla la carta y la mete de nuevo dentro del sobre, luego abre otra.*) 5 de agosto de 1943.

ALICE:

Henry, querido,

Los motines aquí en Los Ángeles se han convertido en alborotos racistas a lo largo del país: Chicago, Detroit, incluso en el pueblito de Beaumont, Texas, por Dios santo. Pero en Harlem fue peor. Hubo millones de dólares en daños materiales. 500 personas fueron hospitalizadas y mataron a cinco negros.

GUARDIA: Las cosas se han puesto difíciles por todos lados.

ALICE: Escríbeme por favor y dime cómo te sientes.

GUARDIA: (*El* GUARDIA *dobla la segunda carta, la coloca en su sobre de nuevo y abre la tercera.*) 20 de agosto de 1943.

ALICE:

Querido Henry,

Aunque estoy decepcionada por no saber de ti, pensé que te reconfortaría escuchar buenas noticias. ¿Supiste que tuvimos una fiesta para recolectar fondos en el Mocambo?

GUARDIA: ¡El Mocambo . . . Hotcha!

ALICE: . . . y Rita Hayworth le prestó a tu hermana Lupe un vestido de gala para la ocasión. Se vistió en la casa de Cecil B. DeMille y se veía fabulosa. Sus acompañantes, que eran Anthony Quinn y Orson Welles, dijeron…

GUARDIA: ¡Orson Welles! ¡Cielos! Suena como Louella Parsons. (*Dobla la carta.*) 1 de septiembre de 1943.

ALICE: Henry, por qué no has contestado mis cartas?

GUARDIA: Está ocupado. (*Continúa llenando el sobre.*)

ALICE: Henry, si hay algo que he dicho o he hecho . . . (*El* GUARDIA *mezcla los sobres.*) Henry . . . (*Cambio de luces. El* GUARDIA *cruza al centro del escenario donde* HENRY *aún está doblado en el piso.*)

GUARDIA: Bienvenido de nuevo a la vida, Reyna. Fue un largo verano caluroso. Aquí está tu correo. (*El* GUARDIA *avienta las cartas al piso directamente enfrente de la cabeza de* HENRY. HENRY *mira lentamente y toma una de las cartas. La abre, intentando concentrarse. El* GUARDIA *sale.*)

ALICE: Henry, acabo de enterarme de que estuviste noventa días en aislamiento. Estoy furiosa con los chicos por ocultármelo. Hablé con el director Duffy y me dijo que golpeaste al guardia. ¿Sucedió algo que debería saber? No preguntaría si no fuera tan importante, pero un expediente limpio . . . (HENRY *rasga la carta que ha estado leyendo y dispersa las otras. Alarmado.*) ¿Henry? (HENRY *hace una pausa, su furia cesa y se controla. Se ve cansado, pero aún hay cierto enojo.*)

HENRY: Todavía no entiendes, Alice.

ALICE: (*Suavemente, compasiva.*) ¡Sí, entiendo! No te estoy acusando de nada. No me importa lo que sucedió o por qué te enviaron allí. Estoy segura que tenías tus razones. Pero tú sabes que el público te está mirando.

HENRY: (*Frustrado, la interroga profundamente.*) ¿Por qué haces esto, Alice?

ALICE: ¿Qué?

HENRY: La apelación, el caso, toda la mierda que haces. ¿Crees que al público le interesa?

ALICE: (*Con convicción.*) ¡Sí! Vamos a sacarte de aquí, Henry Reyna. ¡Vamos a ganar!

HENRY: (*Sondeando.*) ¿Y si perdemos?

ALICE: (*Sorprendida, pero recuperándose.*) No vamos a perder.

HENRY: (*Enérgicamente, insistente, con un doble sentido.*) ¿Y si perdemos? ¿Y nos toca otro juez torcido y corrupto y rechaza la apelación?

ALICE: Entonces apelaremos de nuevo. Iremos a la Corte Suprema. (*Con risa forzada.*) ¡Demonios, llegaremos hasta el presidente Roosevelt!

HENRY: (*Imitándola. Con emoción.*) ¿Y si, aún así, perdemos?

ALICE: (*Protegiéndose de su agresión.*) No podemos.

HENRY: ¿Por qué no podemos?

ALICE: (*Dando una respuesta política.*) Porque tenemos mucho apoyo. Deberías de ver el tipo de gente que nos está respondiendo. Los sindicatos, mexicanos, negros, Oakies. Es fantástico.

HENRY: (*Resistiéndose.*) ¿Por qué no podemos perder, Alice?

ALICE: Ya te lo dije.

HENRY: No, no me lo has dicho.

ALICE: (*Empezando a sentirse vulnerable.*) No sé qué decirte.

HENRY: Sí, sí lo sabes.

ALICE: (*Asustada.*) ¿Henry . . . ?

HENRY: ¡Dime por qué no podemos perder, Alice!

ALICE: (*Forzada a luchar de nuevo, con pasión característica.*)
¡Basta, Henry! ¡Por favor, basta! No dejaré que me trates así.
¡Nunca he sido capaz de aceptar que una persona maltrate a otra
. . . que me maltrate! ¿No entiendes que por eso estoy aquí?
Porque no soporto lo que te está pasado. Porque yo soy judía,
¡carajo! Sé lo que se siente . . . Yo sé lo que se siente . . . Si tú
pierdes, yo pierdo . . . (*Pausa. La tensión emocional es inmensa.*
ALICE *lucha para no llorar.* ELLA *se aleja.*)

HENRY: Lo siento . . .

ALICE: (*Pausa.*) Es estúpido que estemos peleando así. Durante
semanas he deseado estar aquí. Para hablar contigo, para estar
contigo, para ver tus ojos.

HENRY: (*Pausa.*) Pensé mucho en ti cuando estaba en el hoyo. A
veces . . . veces, te veía entrar en la oscuridad, y hablarme. Justo
como ahora. La misma mirada, la misma sonrisa, el mismo perfume . . . (*Pausa.*) Sólo que ella no hablaba tanto. Sólo escucha-
ba. Me dijo una cosa. Dijo . . .

ALICE: (*Tratando de aligerar el momento. Siendo más gentil.*) No
puedo decirte eso, Henry. No como tú lo quieres.

HENRY: ¿Por qué no?

ALICE: (*Seriamente.*) Porque no puedo permitir que me utilices
para sentir el amor que siempre sentiste y recibiste de todas tus
mujeres.

HENRY: (*Sin autocompadecerse.*) Deja que las cosas se den, Alice.

ALICE: (*Fuera de sí.*) ¿Que las cosas se den? Loco idiota. Si pen-
sara que haciendo el amor contigo resolvería todos tus problemas, lo haría en un segundo. ¿Acaso no lo sabes? Pero no será
así. Sólo se complicaría todo. Trato de ayudarte, carajo. Y para
hacerlo, tengo que ser tu amiga, no tu mujer blanca.

HENRY: (*Enojado.*) Qué te hace pensar que quiero ir a la cama contigo? ¿Porque eres blanca? He tenido más nalgas blancas de las que te imaginas, ¿sabes? ¿Quién te crees que eres? ¿Un regalo de Dios para nosotros los animales prietos?

ALICE: (ALICE *le da una bofetada y se detiene, horrorizada. Un torbellino de emociones.*) Ay, Hank. Todo el amor y el odio que nos ha tomado para estar en esta podrida celda. ¿Te das cuenta de que sólo Hitler y la Segunda Guerra Mundial podían lograr esto? No sé si reír o llorar. (ALICE *cae en una espiral emocional, su cuerpo tiembla. De pronto de vuelta y lanza un grito entre risas y quejas. Ambos se abrazan. Luego se besan con pasión. El GUARDIA entra. Frunce el ceño.*)

GUARDIA: Tiempo, señorita . . .

ALICE: (*Volteando.*) ¿Ya? Oh, Dios mío, Henry, hay tantos mensajes que tenía que darte. Tus padres te envían su cariño, por supuesto. Y Lupe y . . . Dela. Y . . . oh, sí. Quieren que sepas que Rudy está con los Marines.

HENRY: ¿Los Marines?

ALICE: Te escribiré explicándotelo. ¿Me vas a escribir?

HENRY: (*Mirando de reojo al* GUARDIA.) Sí.

GUARDIA: (*Con tono más áspero.*) Vámonos, señora.

HENRY: Adiós, Licha.

ALICE: Te veré afuera . . . Hank. (ALICE *le da una señal de ánimo y sale con el* GUARDIA. HENRY *va escena abajo, pensando. Llama a* EL PACHUCO, *a quien nadie puede ver.*)

HENRY: Te equivocaste, ése . . . Aún existe la esperanza. Ahora sé que ganaremos la apelación. ¿Me oyes, ése? ¡Ése! (*Pausa.*) ¿Ya no estás aquí? (*El* GUARDIA *vuelve a entrar.*)

GUARDIA: Okay, Reyna, vamos.

HENRY: ¿Adónde?

GUARDIA: Dejaremos que te vayas . . . (HENRY *lo mira incrédulamente. El* GUARDIA *sonríe.*) . . . a la prisión de Folsom con todo el resto de la escoria. Realmente no esperabas salir como un hombre libre, ¿cierto? Escucha, niño, tu apelación tiene la misma posibilidad de que los japoneses y los krauts ganen la guerra. Personalmente, no sé qué ve en ti esa tipa. No daría por ti ni el sudor de mis huevos. ¡Vamos! (HENRY y el GUARDIA *van hacia arriba para salir. Las luces cambian.* EL PACHUCO *aparece a medio camino arriba en el fondo, vestido de nuevo y claramente visible.* HENRY *se detiene sorpresivamente cuando lo ve.* EL PACHCUCO *levanta sus brazos. Las luces bajan mientras escuchamos el fuerte sonido de una bomba que cae sobre la tierra.)*

8. LA VICTORIA DE LA GUERRA

Una bomba aérea estalla con un sonido reverberante y un flash blanco ilumina la imagen de un pachuco sobre el fondo negro. Otras bombas caen y todo parece infernal. Flashes rojos, artillería, fuego, balazos. HENRY y el GUARDIA *salen.* CUATRO MILITARES *entran como una guardia de honor. Música: "Marcha de Saint Louis Blues" de Glen Miller. Mientras marchan los* MILITARES *vemos que* RUDY *baja a la izquierda con su uniforme de Marine, con el cinturón abierto.* ENRIQUE, DOLORES y LUPE *se unen a él.* DOLORES *tiene el sombrero,* LUPE *la cámara fotográfica.* ENRIQUE *sujeta dos botones en el uniforme de* RUDY *mientras éste se arregla el cinturón.* DOLORES *le examina el cuello y le da el sombrero.* RUDY *se pone el sombrero y posa para* LUPE. ELLA *toma la foto y* RUDY *los besa a todos y se va.* ÉL *toma la navaja gigante de detrás de un paquete de periódico y se une a los* MILI-TARES *mientras que marchan abajo marcando el paso. La familia marcha, mirando atrás tristemente. La marcha termina y* RUDY *y el* POLICÍA COSTERO *se mueven a un lado. Mientras que se inicia la interrogación de* RUDY, *la* GENTE *del barrio entra con periódicos, haciendo mima de las tareas diarias.* PRENSA *entra.*

PRENSA: El periódico *Los Angeles Examiner*, 1 de julio de 1943. Encabezado principal: LA SEGUNDA GUERRA MUNDIAL ENTRA EN UN MOMENTO CRUCIAL. Si el final del verano de 1942 fue el punto más bajo, un año después la guerra para los aliados está abriendo su camino hacia una cierta victoria.

GUARDIA COSTERO: 10 de julio.

RUDY: ¡Las tropas de Estados Unidos, británicas y canadienses invaden Sicilia, señor!

GUARDIA COSTERO: ¡6 de agosto!

RUDY: ¡Las tropas de Estados Unidos ocupan la isla de Salomón, señor!

GUARDIA COSTERO: ¡5 de septiembre!

RUDY: ¡La artillería de McArthur en Nueva Guinea, señor!

GUARDIA COSTERO: ¡1 de octubre!

RUDY: ¡El quinto ejército de Estados Unidos entra en Nápoles, señor!

PRENSA: Y todo continúa así. De Córcega a Kiev, de Tarawa a Anzio. El avance implacable de los ejércitos aliados no puede ser medido. (*Uno a uno, la familia y amigos de* HENRY *entran llevando periódicos. Rasgan los papeles en pedazos pequeños.*) *Los Ángeles Times*, 6 de junio de 1944. Encabezado: las fuerzas aliadas comandadas por el general Eisenhower desembarcan en Normandía.

GUARDIA COSTERO: ¡19 de agosto!

RUDY: ¡El primer ejército norteamericano entra a Alemania, señor!

GUARDIA COSTERO: ¡17 de octubre!

RUDY: ¡McArthur regresa a las Filipinas, señor!

PRENSA: En su casa, los norteamericanos siguen con su vida diaria y su confianza y tranquilidad crece, ya que la guerra se encamina hacia un triunfo inevitable. (*Pausa.*) *Los Angeles Daily News*, miércoles, 8 de noviembre de 1944. Encabezado: La corte del distrito de apelaciones decide que en el caso de homicidio de Sleepy Lagoon . . . los muchachos involucrados en el crimen serán puestos en . . .

GENTE: ¡Libertad! (*La música estalla mientras que la muchedumbre feliz destroza el periódico en el aire como confeti. Los* MUCHA-CHOS *entran en escena centro y la muchedumbre se les acerca vitoreándolos. Hay besos y abrazos y lágrimas de alegría.* HENRY *es empujado hacia delante por la procesión triunfante.*)

9. REGRESO AL BARRIO

La música entra y la gente baila. Otros se abrazan. La melodía es "Soldado Raso" tocada como corrido. Termina con aplausos felices, risas y lágrimas.

RUDY: ¡Ése, carnal!

HENRY: ¡Rudy!

DOLORES: ¡Bendito sea Dios! ¿Quién iba a pensar que este día llegaría? ¡Mírense, todos están en casa!

LUPE: ¡Aún no puedo creerlo! ¡Ganamos! ¡Ganamos la apelación! (*Aclamaciones.*)

ENRIQUE: No había sentido esto desde que Villa tomó Zacatecas. (*Risas, exclamaciones.*) ¡Pero, mira! Mira quién está aquí. Mis hijos. (*Abraza a* HENRY *y a* RUDY.) No todos los días un hombre recibe a dos hijos mayores que regresan a su hogar de tan lejos. Uno de la guerra y otro de . . . bueno, ¿qué importa? Sleepy Lagoon es historia, hombre. Por primera vez los mexicanos han ganado. (*Exclamaciones.*)

GEORGE: Bien, Henry. No quiero decir que te lo dije, pero pero le dimos una lección al juez Charles por mala conducta, ¿no crees? (*Más exclamaciones.*) ¿Se dan cuenta de que ésta es la victoria más grande que la comunidad méxicoamericana ha tenido en la historia de este maldito país?

DOLORES: Sí, pero de no haber sido por personas generosas como usted y esta hermosa dama . . . y toda la gente que nos ayudó, mexicanos, negros, todos los norteamericanos . . . nuestros muchachos no estarían hoy en casa.

GEORGE: Sólo espero que se den cuenta de que ahora son importantes, muchachos.

JOEY: Pos, yo me doy cuenta, ése. (*Ríe*).

RUDY: Vine desde Hawai sólo para estar aquí, carnal. Estaré sólo unos días pero te voy a emborrachar.

HENRY: Pos veremos quién emborracha a quién, ése. (*Risas y gritos.* HENRY *ve a* EL PACHUCO *entrar por la derecha.*)

DOLORES: Jorge, Licha, todos. Entremos en la casa, ¿eh? Hice una ollota de menudo, y es para todos.

ENRIQUE: También hay cerveza fría. Vénganse, vamos todos.

GEORGE: (*A* ALICE.) Alice . . . Menudo, ¿es caldo de pollo mexicano? (*Todos salen, dejando a* HENRY *atrás con* EL PACHUCO.)

HENRY: Qué gusto verte de nuevo, ése. Creí que te había perdido.

PACHUCO: Um, pues, se necesita un poco más que la marina norteamericana para esfumarme.

HENRY: ¿Dónde estabas?

PACHUCO: Pos, aquí en el barrio, bienvenido.

HENRY: Es bueno estar en casa.

PACHUCO: ¿No hay rencores?

HENRY: Chale, ¿ganamos, o no?

PACHUCO: Simón.

HENRY: Yo y los batos hemos estado en muchas peleas juntos, ése. Pero ésta la ganamos porque aprendimos a pelear de otro modo . . .

PACHUCO: Y ésa es la forma perfecta de terminar esta obra —con final feliz y todo. (*El* PACHUCO *hace un gesto arrebatador. Las luces bajan.* ÉL *mira las luces, dándose cuenta que algo anda mal. Mueve la muñeca y las luces vuelven a ser como antes . . .*) Pero la vida no es así, Hank.

El barrio sigue ahí, esperando y aguantando.

Los policías aún nos persiguen como perros.

Las bandas siguen matándose entre ellas,

las familias apenas sobreviven.

Y ahí en tu propio patio trasero . . . la vida continúa.

(*Música suave.* DELA *entra.*)

DELA: ¿Hank? (HENRY *va a ella y se abrazan.*)

HENRY: ¿Dónde estabas? ¿Por qué no fuiste a la corte a vernos salir?

DELA: Creo que tenía un poco de miedo de que las cosas hubieran cambiado. Nos han pasado muchas cosas a los dos.

PACHUCO: Simón. Ella está viviendo en tu casa.

DELA: Después de que volví de Ventura, mis padres me dieron una oportunidad. O me olvidaba de ti o me iba.

HENRY: ¿Por qué no me escribiste?

DELA: Tenías tus propios problemas. Tus jefitos se encargaron de mí. Hey, sabes qué, Hank, ellos esperan que nos casemos.

PACHUCO: ¿Tú qué dices, ése? ¿Vas a darle la gran boda pachuca que le prometiste?

HENRY: Tendré que pensarlo.

ALICE: (*Fuera de escena.*) ¿Henry?

PACHUCO: (*Chasquea los dedos.*) Ojalá tuvieras tiempo. Pero aquí viene Licha.

ALICE: (*Entrando.*) Henry, sólo vine a despedirme. (DELA *se congela y* HENRY *se vuelve hacia* ALICE.)

HENRY: ¿A despedirte? ¿Por qué te vas tan pronto?

ALICE: ¿Tan pronto? He estado aquí toda la tarde. Ya habrá otros momentos, Henry. Ahora estás en casa, con tu familia, y eso es lo que importa.

HENRY: No seas condescendiente, Alice.

ALICE: (*Sorprendida.*) ¿Condescendiente?

HENRY: Sí, aprendí algunas palabras en el tambo.

ALICE: Yo también, Hank. Te quiero. (PACHUCO *chasquea los dedos.* ALICE *se congela, y* RUDY *entra.*)

RUDY: Ése, carnal, felicidades. La jefita me dijo lo tuyo con Dela. Eso es grandioso, ése. Pero si quieres que sea tu padrino, mejor hazlo en estos tres días.

HENRY: Un momento, Rudy, no me presiones

RUDY: Qué pues, ¿ya te arrepentiste? (HENRY *está siendo rodeado por conversaciones separadas.*)

DELA: Si no me quiere aquí, puedo mudarme.

RUDY: Watcha. Tú y Dela se pueden quedar en nuestro cuarto esta noche, bato. Yo dormiré en el sillón.

ALICE: No esperarás que duerma aquí, ¿verdad?

HENRY: No te lo estoy pidiendo.

PACHUCO/ALICE/RUDY/DELA: ¿Por qué no?

RUDY: Los jefitos jamás lo sabrán, ése.

ALICE: Sé honesto, Henry.

DELA: ¿Qué quieres que haga?

HENRY: Darme oportunidad para pensarlo. ¡Denme un segundo!

PACHUCO: ¡Un segundo! (PACHUCO *chasquea los dedos.* ENRIQUE *entra.*)

ENRIQUE: Bueno, bueno, pues, ¿qué estás haciendo aquí, hijo? ¿No vas a comer menudo?

HENRY: Estoy pensando, jefito.

ENRIQUE: ¿En qué, hombre? ¿No pensaste bastante en la prisión? Ándale, ésta es tu casa. Entra y vive de nuevo.

HENRY: Apá, ¿usted le dijo a Dela que me iba a casar con ella?

ENRIQUE: Sí, pero sólo después de que tú lo hiciste.

RUDY: ¿Qué traes, carnal? ¿Es que ya no te interesa Dela?

ALICE: Si sólo fuéramos tú y yo, Henry, sería diferente. Pero tienes que pensar en tu familia . . .

HENRY: No tienes que recordarme mis responsabilidades.

ALICE: Lo siento.

RUDY: Lo siento, carnal.

DELA: No quiero que nadie sienta lástima por mí. Hice lo que hice porque quise hacerlo. Ahora sólo quiero saber qué es lo que pasará. Si aún me quieres, órale, suave. Si ya no, está bien. Pero no viviré esperándote como pendeja toda mi vida.

RUDY: Tu huisa luce mejor que nunca, carnal.

ALICE: Actúas como si nada hubiera pasado.

ENRIQUE: Tienes toda tu vida por delante.

ALICE: Éste es tu sitio, Henry. Soy yo la que está fuera de lugar.

RUDY: Si no la quieres, voy a hacer mi lucha.

HENRY: Eso es una mierda. ¿Y lo que compartimos en prisión? Jamás me sentí más cerca de alguien.

ALICE: Eso fue en prisión.

HENRY: ¿Y qué demonios crees que es el barrio?

RUDY: ¡No es una mierda!

HENRY: ¡Cállate, carnalillo!

RUDY: ¿Carnalillo? ¿Por qué sigues diciéndome así? Ya no soy tu pinche hermanito . . .

GEORGE: (*Entrando.*) Tienen que dejar de pelear, Henry, o el barrio jamás cambiará. ¿No se dan cuenta de que representan la esperanza de su gente?

ALICE: Dela también estuvo en la prisión. Miles de personas clamaban por tu liberación pero la única esperanza de Dela eras tú.

HENRY: Oye, ésa, sé que pasaste un año en Ventura. Sé que me apoyaste cuando te necesité. Quisiera poder recompensarte.

DELA: No me vengas con esa mierda, Henry. Mejor dásela a Alice.

ALICE: Creo que es hora de que Alice Bloomfield se vaya a su casa.

HENRY: No te pongas celosa, ésa.

DELA: ¿Celosa? Mira, cabrón, sé que no soy la única a la que llevaste a Sleepy Lagoon.

RUDY: Sleepy Lagoon es una mierda. ¡Vi verdaderas lagunas en esas islas, ése —matando a nipones! Vi a algunos pachucos que fueron allí sabiendo que jamás volverían.

DELA: ¿Pero yo siempre estaba ahí cuando ustedes volvían, o no?

DOLORES: (*Entrando.*) ¿Henry? Vuelve adentro, hijo. Todos te están esperando.

RUDY: ¿Por qué no les dijiste que yo estuve ahí, carnal? Yo estuve en Sleepy Lagoon. Dándome chingadazos con todo mundo.

HENRY: ¿No lo entiendes, Rudy? Trataba de que no te ficharan. Esos malditos policías jamás van a dejarnos en paz.

GEORGE: Tienes que olvidar lo que pasó, Henry.

HENRY: ¿Qué puedo ofrecerte, Dela? Soy un exconvicto.

DELA: ¡Yo también!

SMILEY: (*Entrando.*) Acéptalo, Hank. En esta ciudad no hay futuro para nosotros. Me mudaré con mi mujer y mi hijo a Arizona.

DOLORES: (*Simultáneamente.*) Sé lo que estás sintiendo, hijo, estás en casa de nuevo. En el fondo temes que nada haya cambiado. Que la policía nunca te deje en paz. Pero no le hace. Ahora todo estará bien. Cásate con Dela y llena esta casa de niños. Sólo haz una cosa por mí: olvídate de las ropas de pachuco.

ENRIQUE: (*Simultáneamente.*) Si algo aleja al hombre de las calles, es su familia.

GEORGE: (*Simultáneamente.*) No permitas que esto te amargue ni a ti ni a tu . . .

ALICE: A veces lo mejor que puedes hacer por alguien a quien amas, es dejarlo.

DELA: (*Simultáneamente.*) ¿Qué es lo que quieres, Hank?

RUDY: Me costó más a mí que a ti.

SMILEY: Comenzamos en la 38 y nunca te olvidaré, carnal. Pero yo tengo que pensar en mi familia.

HENRY: ¡Un momento! ¡No sé si mañana volveré a la prisión o no! No tengo nada que darte, Dela. Ni siquiera una parte de mí.

DELA: También tengo que vivir mi vida, Hank. Te amo. Moriría por ti. Pero me chingan la madre si voy a dar mi vida por nada.

HENRY: Pero yo te amo. (*Ambas* MUCHACHAS *voltean.* HENRY *mira a* ALICE, *después mira a todo el grupo, se voltea hacia* DELA *y va a abrazarla. El congelamiento termina y entran los demás.*)

LUPE: ¡Órale, Hank! Watcha Joey. El bato loco fue hasta su casa y se puso su traje.

JOEY: ¡Esos, batoooooooosss! ¡Esas, huisaaaaaass!

TOMMY: ¡Mira a este gato! Se ve chido.

LUPE: ¡Sí, como un perico!

HENRY: ¿Y tú, ése? ¿Por qué te pusiste tu tacuche? ¿Dónde es la fiesta?

JOEY: ¿Pos no es aquí la fiesta?

RUDY: Sí, ése, pero no es el salón de baile Avalon. El traje se quemó aquí en Los Ángeles. ¿No lo sabes, cabrón?

ENRIQUE: ¡Rudolfo!

LUPE: ¡Y se supone que él iba a emborrachar a Henry!

RUDY: ¡Cállate, ésa!

ENRIQUE: ¡Ya pues! ¿No has comido menudo? Vieja, prepárale un gran tazón de menudo y ponle mucho chile. Vamos a hacerlo sudar . . .

RUDY: No necesito un pinche menudo.

HENRY: Cuida tu lenguaje, carnal.

RUDY: ¡Y no te necesito a ti! Soy un hombre. ¡Sé cuidarme a mí mismo!

JOEY: Muy Marine el bato . . .

ENRIQUE: Rudy, hijo, o vas a la cocina por tu cuenta o te arrastro.

RUDY: Lo que usted diga, jefito.

GEORGE: Bien, Alice. Éste es el lugar donde todo empezó, y creo que es hora de irnos.

ALICE: Cuando tú digas, George, cuando tú digas.

DOLORES: No, no. No pueden irse tan pronto.

JOEY: Chale, chale, chale. No puede llevarse a nuestra ruca. ¿Qué se trae, carnal? Póngase más abusado, ése. No se haga tan cuadrado.

GEORGE: Bien, soy cuadrado. ¿Qué fue del resto?

JOEY: Pos le estoy hablando en chicas patas, ése. Es puro chicano.

RUDY: ¿Qué chicano? Ni qué madre, cabrón. ¿Por qué no maduras?

JOEY: ¿Madurar, ése?

RUDY: Intenta ir al centro vestido así. A ver si los marineros no te arrancan la piel viva.

JOEY: ¿Y qué? No es la piel de tus nalgas. Vamos, Bertha.

RUDY: Ella está conmigo.

JOEY: Es mía.

RUDY: Demuéstralo, punk. (RUDY *ataca a* JOEY *y pelean. Los* BATOS *y* RUCAS *detienen a* JOEY. HENRY *tranquiliza a* RUDY, *quien estalla en llanto.* ENRIQUE, DELA, DOLORES, ALICE, LUPE *y* GEORGE *son los únicos que se quedan.* RUDY *en un instante de emoción.*) Cabrones, se amontonaron. Se me echaron encima, carnal. Me dejaste y se me echaron encima. No debiste hacerlo, carnal. ¿Por qué no me llevaste contigo? ¿Por los jefitos? Los jefitos me perdieron de todas formas.

HENRY: Entra a la casa, Rudy.

RUDY: ¡No! Me uní a los Marines. No debí hacerlo, pero lo hice. ¿Sabes por qué? Porque me atraparon, carnal. Me chingaron, ése. (*Lloriquea.*) Fui al pinche show con Bertha, todo chingón con mi tacuche, ése. Me puse tu traje de pachuco y me pescaron. Veinte marineros, Marines. Estábamos en el balcón. Se acercaron por atrás. Me agarraron del cuello y me arrastraron por las escaleras, pateándome y empujándome y tirándome de las greñas. Me arrastraron por la calle, y toda la gente me miró mientras ellos me desnudaban. (*Lloriquea.*) Me desnudaron, carnal. Bertha los vio desnudarme. Hijos de la chingada, me desnudaron. (HENRY *abraza a* RUDY *con gran amor y desesperación. Pausa.* TOMMY *corriendo*).

TOMMY: ¡Órale! Hay policías afuera. ¡Quieren arrestar a Joey!

(GEORGE *cruza hacia* TOMMY.)

GEORGE: (*Gritando.*) ¿Joey?

TOMMY: Lo tienen contra tu carro. ¡Dicen que él lo robó!

GEORGE: Oh, Dios. Yo me encargaré de esto.

ALICE: Voy contigo. (GEORGE, TOMMY *y* ALICE *salen.*)

HENRY: ¡Bastardos de mierda! (*Comienza a salir.*)

DELA: ¡Henry, no!

HENRY: ¿Por qué demonios me dices que no? ¿No oíste lo que está pasando afuera?

DELA: ¡Te arrestarán de nuevo! Eso es lo que quieren.

HENRY: ¡No interfieras! (HENRY *empuja a* DELA *hacia* DOLORES.)

ENRIQUE: (*Parándose frente a* HENRY.) ¡Hijo!

HENRY: ¡Hágase a un lado, jefe!

ENRIQUE: ¡Te quedarás aquí!

HENRY: ¡Hágase a un lado! (ENRIQUE *con fuerza lo empuja y* HENRY *cae al piso y se queda quieto.*)

ENRIQUE: ¡TE DIGO QUE NO! (*Momento de silencio.* HENRY *se pone de pie con la intención de golpear a* ENRIQUE. *Pero algo lo detiene. El darse cuenta de que si lo golpea o de que si cruza la puerta, el vínculo familiar se romperá irremediablemente.* HENRY *se tensa por un momento, luego se relaja y abraza a su padre.* DELA *se une a ellos en el abrazo. Luego* DOLORES, *luego* LUPE, *luego* RUDY. *Todos se abrazan formando un grupo muy estrecho. Entra* PRENSA *por la derecha y baja.*)

PRENSA: Henry Reyna fue de nuevo a la prisión en 1947 por robo y asalto a mano armada. Mientras estaba encarcelado, mató a otro prisionero y no fue liberado sino hasta 1955, cuando ya estaba metido en las drogas. Murió del trauma en su vida en 1972.

PACHUCO: Así es como tú lo ves, ése. Pero hay otra forma de terminar la historia.

RUDY: Henry Reyna fue a Corea en 1950. Lo embarcaron en un destructor y defendió el "paralelo 38" hasta que lo mataron en Inchon en 1952, fue condecorado póstumamente con la Medalla de Honor del Congreso.

ALICE: Henry y Dela se casaron en 1948 y tienen cinco hijos. Tres de ellos van a la universidad, hablan caló y se llaman así mismos: Chicanos.

GEORGE: Henry Reyna, el líder nato . . .

JUEZ: Henry Reyna, la víctima social . . .

BERTHA: Henry Reyna, el guerrero de la esquina . . .

SMILEY: Henry Reyna, el carnal de aquéllas . . .

JOEY: Henry Reyna, el zoot suiter . . .

TOMMY: Henry Reyna, mi amigo . . .

LUPE: Henry Reyna, mi hermano . . .

ENRIQUE: Henry Reyna . . .

DOLORES: Nuestro hijo . . .

DELA: Henry Reyna, mi amor . . .

PACHUCO: Henry Reyna . . . El pachuco . . . El hombre . . . el mito . . . aún vive. (*Las luces descienden hasta llegar al oscuro.*)